억만장자를 향하여!

저자 야스츠네 오사무
만화 요시무라 요시
역자 오시연

만화로 배우는
최강의 株 입문
[주식]

특집 1 이건 꼭 알아둬! 주식의 기초 지식

모두 알아야 하는 주식에 관한 질문

Q1 주식이 대체 뭐지?

A 주식은 사업에 투자한 사람에게 주는 **증명서**

주식은 주식회사가 발행하는 증명서다. 사업을 시작할 때 사업자는 자금을 마련할 수단으로 주식회사를 세우고 주식을 발행해 되도록 많은 투자자로부터 자금을 조달한다. 자금을 투입한 투자자는 그 증명서로써 주식을 제공받는다.

이 회사에 투자하겠습니다

투자해주신 분에게 주식을 드립니다

Q2 투자자는 왜 주식을 매수할까?

A 은행에 돈을 맡기는 것보다 **이율이** 높으니까

매수한 주식을 주가가 오른 후 매도하면 단기간에 수익(상승수익)을 얻을 수 있다. 그렇게 얻은 수익은 은행 금리보다 이율이 높은 편이다.

또 주가가 오르면 사업자가 수익의 일부를 투자자에게 환원하는 배당이나 주주우대 등으로도 수익을 낼 수 있다.

Q3 주식을 사고 싶은데, 어떻게 해야 할까?

A 먼저 증권사에 **계좌를** 개설하자

주식은 증권거래소를 통해 거래되므로 주식을 매매하려면 증권사에 계좌를 개설해야 한다. 계좌를 개설한 후에는 매수 주문을 내어 주식을 사고 매도 주문을 내서 주식을 판다. 이때 매수, 매도에 상관없이 거래가 성립할 때마다 수수료가 든다는 점을 알아둬야 한다. 수수료는 증권사마다 다르므로 자신의 투자 스타일에 맞는 증권사를 선택하도록 하자.

특집 2 매력적인 주식투자①

텐버거는 꿈이 아니다!
상승률 10배 이상의 대박주

10배, 아니 100배가 넘을 수도 있다

주식투자의 매력은 뭐니뭐니 해도 큰 수익을 노릴 수 있다는 점이다.

이것은 안전자산으로 꼽히는 정기예금과 비교해보면 잘 알 수 있다. 1년 만기 정기예금의 이자는 기껏해야 1~2% 정도다.

반면 주식투자를 하면 1년간 온 종목에서 2배(100%), 아니 텐버거(10배주 =1000%)도 꿈이 아니다.

매년 2배 이상 오르는 종목이 얼마든지 나오고 있으며, 그중에는 쏘카뱅킹나 야후처럼 불과 몇 년 사이에 100배를 넘은 종목도 있다.

물론 주식투자를 잘못하면 수익이 아닌 손실이 날 리스크도 있다. 하지만 원금 보장형 금융상품 중에서는 이만한 성과를 낼 수 있는 상품은 없다.

예금 2%

주식 1000%

이것이 텐버거 차트다!

2020년은 텐버거 종목 풍년인 해였다. 연간 10배 이상 오른 종목이 무려 15개나 된다.

아래에 소개하는 '케어넷(carenet)'은 의사를 대상으로 한 사이트를 통해 의약품 영업 지원 사업을 하는 기업이다. 지속적으로 좋은 실적을 내면서 주가는 3월 19일 537엔(저가)에서 12월 2일 6,420엔(고가)까지 무려 12배나 상승했다!

이 종목은 상승률 6위에 올랐으며, 1위인 종목은 20배 이상의 상승률을 기록했다.

■ 케어넷 주가

특집 3 매력적인 주식투자②

원하는 주식을 찾을 수 있다!
각양각색의 주주우대

주주우대 내용을 찾아보자

　주식거래를 하지 않는 사람도 '주주우대'라는 말은 종종 듣게 된다. 주주우대 제도로 생활하는 사람이 TV프로에 나올 정도로 주주우대제도가 장안에 화제가 되었기 때문이다.

　주주우대는 기업이 주주(주식 보유자)에게 자사 제품과 서비스 등을 제공하는 제도다. 우대 내용은 상품권이나 시고품 외에 주주 한정 오리지널 상품 등 다양하므로 자신의 취향과 생활 형태에 맞는 우대 내용이 있는지 찾아보자.

　기업이 어떤 주주우대를 제공하는지 일일이 조사하려면 시간이 너무 많이 소요되어 정작 주식거래를 할 시간이 없을 수 있다. 하지만 지금은 주주우대 내용을 쉽게 조사하는 서비스가 얼마든지 있다. 여기서는 'Yahoo! 파이낸스'에서 제공하는 서비스를 소개하겠다.

　야후! 파이낸스에 접속하여 주주우대 검색 페이지(https:/info.finance.yahoo.co.jp/stockholder/)를 열면 키워드를 입력하여 검색할 수 있다. 이때 '우대 종류', '최저투자금액', '권리 확정월' 별로도 내용을 검색할 수 있다. 자신이 원하는 우대 내용이 있는지 찾아보자. [*한국의 경우 '주주우대' 224쪽 참조]

주주우대 검색 방법

Method 1
우대 종류로 찾는다

주주우대 종류에는 음식료, 패션용품, 일용품·가전제품 등이 있다. 원하는 항목을 선택하면 해당 기업이 나열된다. 기세 및 공업계 기업에서는 식료품 우대가 있는 등 그 기업의 사업 내용과 연관이 없는 내용일 수도 있다.

Method 2
최저투자금액으로 찾는다

주주우대를 받기 위해서는 100주, 200주 등 기업마다 보유해야 하는 주식 수가 정해져 있다. 하지만 개인 투자자의 자금은 일반적으로 한정적이다. 그럴 때는 10만 엔 미만, 10~20만 엔 미만 등 투자 가능한 금액을 지정해 검색하면 된다.

Method 3
권리확정월로 찾는다

주주우대를 받으려면 권리확정일(28쪽 참조)에 주식을 보유하고 있어야 한다. 이 권리확정일은 기업마다 다르다. 주주우대를 바로 받을 수 있는 기업으로 좁혀서 찾고 싶을 때는 원하는 권리확정월을 선택해서 검색하는 것이 편리하다.

특집 4 득이 되는 주식우대제도

젊을 때부터 시작하자!
세금을 아낄 수 있는 니사(NISA)

주식거래에 관한 세금이 면제된다

우리가 일을 해서 임금을 받으면 그 금액에 대해 세금이 부과된다. 이와 마찬가지로 일본에서는 주식투자에서 얻은 수익에 대해 20%의 세금이 부과된다.

그런데 주식투자에는 소액 비과세 제도, 통칭 니사(NISA)라는 제도가 있다. 이 제도를 이용하면 매도(팔다)했을 때 얻은 수익이 비과세가 된다.

니사를 하려면 몇 가지 조건이 있다

NISA를 하려면 우선 전용계좌를 개설해야 한다. 이미 증권계좌를 보유한 사람도 새로 계좌를 터야 한다. 이 계좌는 1인 1계좌만 허용된다.

기간은 5년으로 한정되어 있다. 1년에 투자할 수 있는 금액도 120만 엔으로 정해져 있으므로 매도한 투자금을 니사(NISA) 계좌에 재투자할 수는 없다. 또 120만 엔에 못 미쳤다고 해서 다음 해로 이월할 수도 없다.

NISA의 특징

비과세 대상	주식 및 투신권의 수익상승 및 배당금(분배금)
비과세 투자 한도	매년 120만 엔까지(다음 해 이월 불가)
기간	5년(매도한 뒤 비과세 물량의 재투자 불가능)
제도 지속기간	2014년부터 2023년까지 10년간 2024년부터 2028년까지 계설할 수 있는 새로운 제도가 신설되었다(신NISA)
계좌자격자	20세 이상

2024년부터
새로운 제도가 시작된다

현행 NISA가 만료된 뒤 2024년부터는 새로운 제도, 신(新)NISA가 등장한다. 일반 NISA는 기존 내용대로 5년간 연장된다. 그리고 '적립'과 '투자'라는 2층으로 구성된 새로운 제도로 변경되었다.

1층은 기존 NISA와 다른 '적립 NISA'로 운용된다. 적립 NISA는 말 그대로 적립식 투자에 특화하여 매월 1만엔 등 소액을 투자할 수 있다. 투자 대상은 펀드(주식 투자 신탁)이며 일본에서 정한 상품에만 투자할 수 있다. 적립 NISA의 연간 비과세 한도액은 40만 엔이며 2024년 이후에는 20만 엔으로 조정된다.

2층인 일반 NISA는 주식투자에 활용할 수 있는 102만 엔(연간)이 비과세액으로 설정된다.

2층 부분의 비과세를 이용하려면 1층 부분인 적립부터 해야 한다.

원래 2037년까지 계좌개설이 가능했지만 2042년까지로 개정되었다.

NISA의 구조

		운용 가능한 연도										
		2021	2022	2023	2024	2025	2026	2027	2028	2029	2030	2031	2032
운용 개시년	2021	현행 NISA	120 만엔										
	2022		120 만엔										
	2023			120 만엔									
	2024	신 NISA			120만엔 / 20만엔								
	2025					102만엔 / 20만엔							
	2026						102만엔 / 20만엔						
	2027							102만엔 / 20만엔					
	2028								102만엔 / 20만엔				

현행 NISA가 만료되면 신NISA로 연장 가능

2024년 이후에 신규로 NISA를 신청할 경우 신NISA가 적용된다

(다이와증권 홈페이지에서)

등장인물 소개

구라모리 고토네
TN 모리코

TV 방송을 보고 주식거래를 시작한 주린이. SNS인 Tmitter로 알게 된 쿄코와 리에의 조언을 받으며 주식 기초 열공 중. 목표는 억만장자!

이치노세 쿄코
TN 안즈

고토네의 팔로워 중 한 명. 원래 주식거래를 하고 있었는데 갑자기 주식을 해보겠다는 고토네를 염려해 그녀를 챙겨주기로 한다. 기업의 펀더멘털 분석이 특기.

요시타케 리에
TN 에이키지

고토네가 주식을 시작하면서 친해진 Tmitter 상의 친구. 펀딘럭과 순발력이 뛰어나고 기술적 분석을 잘한다. 부모님이 과자점을 운영하고 있다.

가와시마 아키라
TN 팬서 가와시마

금융회사를 나온 뒤 주식거래를 시작했다. 풍부한 지식으로 순식간에 억대를 버는 고수 트레이더로 일약 유명해졌다. 언론매체에서 그녀의 성공담을 다루어 TV 방송에 다수 출연하고 있다.

TN: Tmitter Name

제1화 주식으로 억만장자가 되겠어! ············ 2

특집 1 이건 꼭 알아야지! 주식의 기초 지식
모두 알아야 하는 주식에 관한 상식 ············ 8

특집 2 매력적인 주식투자①
텐버거는 꿈이 아니다!
상승률 10배 이상의 대박주 ············ 10

특집 3 매력적인 주식투자②
원하는 주식을 찾을 수 있다!
각양각색의 주주우대 ············ 12

특집 4 득이 되는 주식 우대 제도
젊을 때부터 시작하자!
세금을 아낄 수 있는 니사(NISA) ············ 14

등장인물 소개 ············ 16

PART 1 — 주식 매매를 해보자

- **01** 인터넷으로 OK! 나도 오늘부터 '투자자'! ············ 22
- **02** 우선 계좌개설을 하자 ············ 24
- **03** 세 가지나 된다! 주식으로 수익을 내는 법①
  '시세차익'과 '배당' ············ 26
- **04** 세 가지나 된다! 주식으로 수익을 내는 법②
  기분 좋은 보너스♪ '주주우대' ············ 28
- **05** 주가가 오르는 이유 ············ 30
- **06** '호가창'을 잘 보자 ············ 32
- **07** 이것만 알면 된다! 주식을 주문하자 ············ 34
- **08** 예기치 못한 손실이 날수도? 거래 조건을 잘 보자 ············ 36

주식거래 이모저모① ············ 38

PART 2 — 이제 개미의 단기 투자는 그만! 꼭 사야 할 주식은 무엇?

제2화 세력의 꼬임에 넘어가는 개미 라이더 ············ 40
- **01** 인터넷 정보의 옥석을 가리자 ············ 52

- 02 '펀더멘탈 분석'과 '기술적 분석' 무엇이 더 효과적일까? ········· 54
- 03 펀더멘탈 분석으로 '좋은 주식'을 찾아보자 ········· 56
- 04 고수는 '실적 공시'로 미래를 읽는다 ········· 58
- 05 이런 주식은 반드시 수익이 난다! ········· 60
- 06 주가가 '싸다' '비싸다'는 어떻게 규정할까? ········· 62
- 07 고평가·저평가를 구분하는 법①
  'PER'을 이용해 수익을 기준으로 생각해보자! ········· 64
- 08 고평가·저평가를 구분하는 법②
  'PBR'을 이용해 자산을 기준으로 생각해보자! ········· 66
- 09 고평가·저평가를 구분하는 법③
  'ROE'를 이용해 경영 효율을 생각해보자! ········· 68
- 10 한 번에 검색! '스크리닝 기능' ········· 70
- 11 업종에 따라 다른 주가 수준 ········· 72
- 12 신규 상장 기업을 노려라! ········· 74

주식거래 이모저모② ········· 76

PART 3 차트 집중 수업!

제3화 차트를 제압하는 사람은 주식을 제압할지니 ········· 78

- 01 '기술적 분석'으로 매매 타이밍을 맞춰라! ········· 86
- 02 캔들의 기본 패턴 ········· 88
- 03 캔들의 위치를 눈여겨보자 ········· 90
- 04 여러 개의 캔들을 조합해보자 ········· 92
- 05 매수 신호①
  '과도한 매도세'는 매수 신호 ········· 94
- 06 매수 신호②
  '대바닥'의 신호를 놓치지 마라 ········· 96
- 07 매도 신호①
  '과열된 매수세'에는 매도를! ········· 98
- 08 매도 신호②
  '천장' 신호를 놓치지 마라 ········· 100
- 09 '일봉' '주봉' '월봉'을 사용하는 법 ········· 102

제4화 추세전환은 갑자기 찾아온다 ······ 104

- ⑩ '오를까?' '내려갈까?' 수가 추세를 확인하자 ······ 108
- ⑪ 추세가 변하는 시점 ······ 110
- ⑫ 주가가 이탈할 징조?! '횡보' ······ 112
- ⑬ 매수 신호③
  바닥을 세 번 찍으면 매수하라! ······ 114
- ⑭ 매수 신호④
  W자형(이중바닥)이 나타나면 매수하라! ······ 116
- ⑮ 매도 신호③
  천장을 세 번 찍으면 매도하라! ······ 118
- ⑯ 매도 신호④
  M자형(이중천장형)이 나타나면 매도하라! ······ 120
- ⑰ '이동평균선'이 뭘까? ······ 122
- ⑱ 상승 신호! '골든크로스' ······ 124
- ⑲ 주가와 이동평균선의 괴리에 주목하자! ······ 126

주식거래 이모저모③ ······ 128

PART 4 알아야 이길 수 있는 주식 기초 지식

제5화 프럼프 폭탄! ······ 130

- ① 사회 변화에 관심을 갖자 ······ 140
- ② 편의점에도 '돈을 벌 수 있는' 정보가 굴러다닌다 ······ 142
- ③ 세계 동향은 주가에 어떤 영향을 미칠까? ······ 144
- ④ 경제지표로 미래를 점쳐라! ······ 146
- ⑤ 확인해야 하는 경제지표①
  일은단판/경기동향지수/GDP/광공업지수 ······ 148
- ⑥ 확인해야 하는 경제지표②
  소비자 물가지수/경기 관측 조사/완전 실업률/유효구인배율 ······ 150
- ⑦ 미국의 경제지표는 어떤 영향을 미칠까? ······ 152
- ⑧ '엔고'일 때는 누가 손해를 볼까? ······ 154
- ⑨ 주식투자는 연상 게임! ······ 156

주식거래 이모저모④ ······ 158

PART 5 현명한 '신용거래'를 하기 위하여

제6화 고토네, 억만장자를 만나다 ········· 160
- 01 큰 수익을 노린다면 '신용거래' ········· 170
- 02 신용거래의 흐름을 알아두자 ········· 172
- 03 신용거래의 위력 ········· 174
- 04 '공매도'로 돈을 벌 기회가 2배로 커진다! ········· 176
- 05 설마 퇴장? 공매도의 위험한 점 ········· 178
- 06 호환마마보다 무서운 추가 보증금 ········· 180
- 07 '신용매수 잔고'와 '신용매도 산고' ········· 182

주식거래 이모저모⑤ ········· 184

PART 6 억만장자가 되는 사람과 못 되는 사람

제7화 승부의 갈림길 ········· 186
- 01 자신만의 매매 시나리오를 세우자 ········· 194
- 02 재빠른 '추세 매매'냐 우직한 '역추세 매매'냐 ········· 196
- 03 리스크가 싫다면 '분산투자' ········· 198
- 04 '손절'을 잘해야 주식 고수 ········· 200
- 05 거래량으로 수가의 성심을 예측하자 ········· 202
- 06 늦게 출발하거나 동반 하락한 종목을 찾아라! ········· 204
- 07 주식시장에서 이기지 못하는 사람의 유형 ········· 206
- 08 '싼 주식'에 손대지 마라 ········· 208
- 09 하면 안 되는 '내부자 거래' ········· 210

주식거래 이모저모⑥ ········· 212

최종화 투자자들의 휴식 ········· 213

마지막으로 ········· 220
색인 ········· 222
부록 ········· 224

주식 매매를 해보자!

Part 1
01 인터넷으로 OK! 나도 오늘부터 '투자자'!

◉ 인터넷 거래가 주류

주식투자를 시작할 때는 우선 증권사에 계좌를 개설해야 한다. **증권사마다 수수료와 제공하는 서비스의 내용이 다르므로 잘 알아보고 선택하도록 하자.**

증권사는 크게 두 유형으로 나눌 수 있다. ①영업점을 가지고 있는 증권사 ②인터넷 전용 증권사다. 물론 영업점이 있는 증권사에서도 인터넷 거래가 가능하다.

스마트폰이 보급되면서 지금은 인터넷 거래가 대세다. 말 그대로 인터넷을 통해 주식 매매를 할 수 있으므로 PC나 스마트폰이 필요하다.

◉ 조언을 받을 수 있는 대면 거래

한편 대면 거래는 증권사 영업점에 방문하거나 전화로 매수매도 주문을 한다. 수수료는 인터넷 거래보다 다소 높지만 시황에 관해 증권사 직원의 조언을 받을 수 있다. 다만 금융상품을 권유받을 수도 있으므로 참고만 하고 결정은 스스로 해야 한다.

각 증권사의 특징은 회사 홈페이지에서 확인할 수 있다. **증권사마다 취급하는 금융상품이 다르며 국내주식뿐 아니라 해외주식과 최근 인기를 모으는 IPO주(74쪽 참조)의 취급 물량도 다르다.**

용어해설 ※ **IPO** : Initial Public Offering의 약어. 기업공개라고도 하며 기업이 자금을 모으기 위해 파는 신주를 말한다.

'억만장사'를 목표로 주식거래를 시작하자!

● 주식 매매의 흐름

주식거래를 하려면 우선 증권사에서 전용계좌를 개설해야 한다. 주식 자체는 증권거래소에 있지만, 증권사의 중개를 통해 주식을 매매하는 것이다.

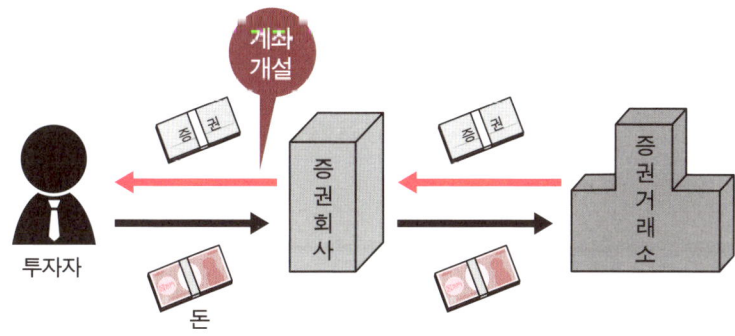

● 주요 인터넷 증권사를 비교하자 (현금 거래 세후 수수료)

	거래금액			
	~10만 엔	11~20만 엔	21~50만 엔	51~100만 엔
마쓰이증권	0엔	0엔	0엔	1,100엔
SBI네오트레이트증권 (일률 플랜)	88엔	100엔	198엔	374엔
GMO클릭증권 (1약정마다 플랜)	90엔	100엔	260엔	460엔
마넥스증권 (거래 매번 수수료 코스)	110엔	180엔	250~450엔	1,100엔
SBI증권 (스탠더드 플랜)	99엔	115엔	275엔	535엔
라쿠텐증권 (초과 코스)	99엔	115엔	275엔	535엔

2021년 10월 현재

증권회사에 따라서 꽤 차이가 나는구나

[*한국의 경우 '수수료' 224쪽 참조]

우선 계좌개설을 하자

◉ 계좌개설에 걸리는 기간

인터넷으로 신청하는 경우, 증권사 홈페이지에 있는 신청 양식을 통해 신청하면 며칠 후 계좌개설용 신청서를 받을 수 있다. 또는 사이트에서 신청서를 다운로드할 수도 있다.

그런 뒤 신분증 등 '본인 확인 서류'를 첨부해 서류를 우송한다. 며칠에서 일주일 정도면 거래에 필요한 ID와 패스워드를 받을 수 있다. 그 뒤 계좌로 자금을 입금하면 주식 매매가 가능하다.

영업점을 방문하거나 전화로 계좌개설을 신청하는 것도 거의 비슷한 절차를 거친다. 전화로 계좌를 개설하고 싶다고 전하면 증권사가 서류를 보내준다. [*한국의 경우 '계좌개설' 225쪽 참조]

◉ 세금 납부 방식을 선택한다

일본에서 증권사 계좌를 만들 때는 '특정 계좌'와 '일반 계좌' 둘 중 하나를 선택해야 한다. 세금을 처리하는 방법이 다르기 때문이다.

주식을 매도해 수익이 나면 세금(소득세+주민세)이 부과된다. 일반 계좌를 선택했을 때는 당사자가 1년간의 매매 손익을 계산해 확정 신고를 한다. 반면 특정 계좌에서는 '원천 징수 있음'과 '원천 징수 없음' 중에서 선택할 수 있다. '원천 징수 있음'을 선택하면 증권사가 투자자 대신 세금을 계산해 납부한다. 어떤 것으로 할지 고민이 된다면 특정 계좌를 선택하는 편이 편리하다. [*한국의 경우 '세금' 225쪽 참조]

계좌개설의 흐름 (인터넷 개설의 예)

1 '계좌개설'을 클릭해 신청 방법을 선택한다

증권사 홈페이지에 들어가 '계좌개설'을 클릭해 신청서를 인쇄할지 우편으로 받을지 선택한다.

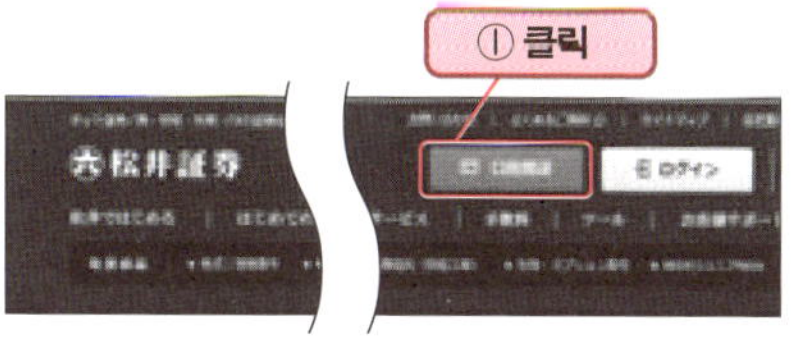

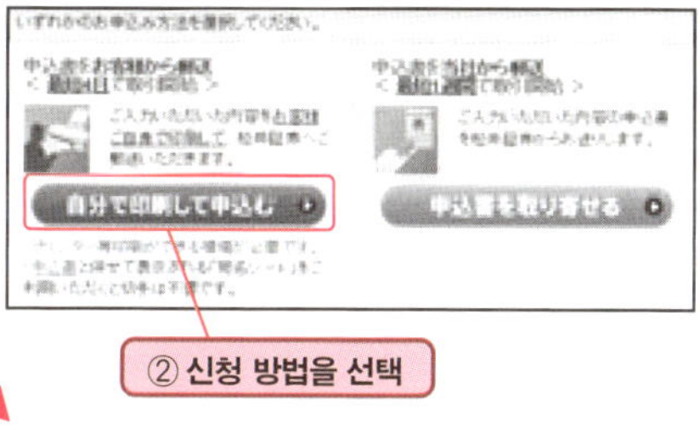

① 클릭

2 필요 사항을 입력한다

이름과 생년월일 등 필요한 내용을 입력한다.

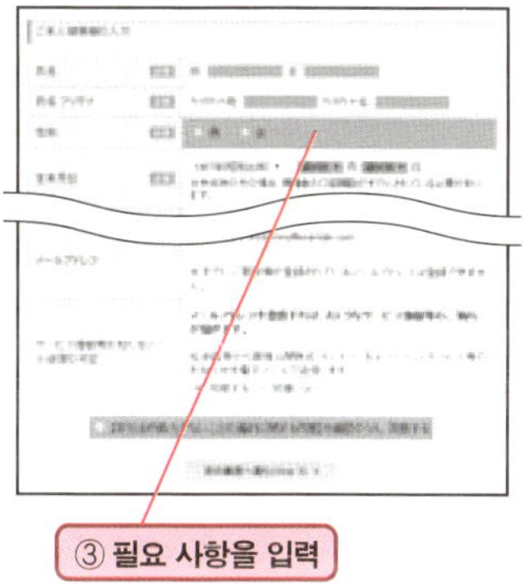

③ 필요 사항을 입력

② 신청 방법을 선택

3 신청서와 필요 서류를 우송한다

신청서에 서명을 하고 마이넘버(일본의 주민등록번호와 유사한 개인 정보 번호) 등 필요서류와 함께 우송한다.

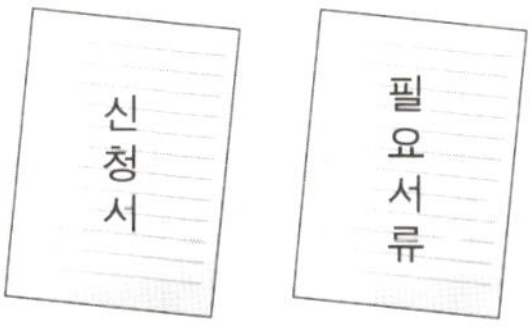

신청서 / 필요서류

4 계좌개설 통지서가 배송됨

거래에 필요한 정보가 기재된 계좌개설 완료 통지서가 배송된다.

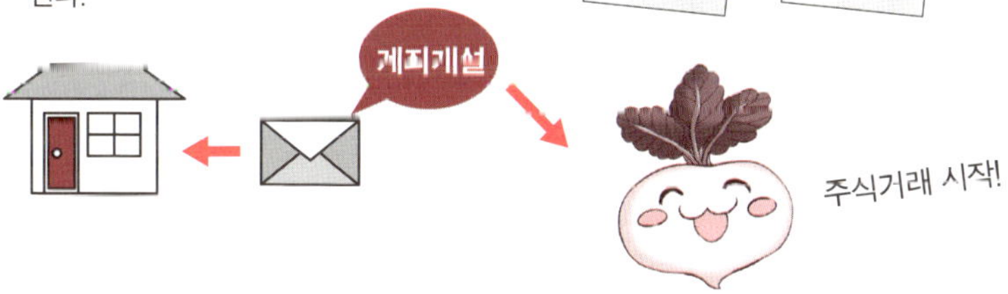

계좌개설

주식거래 시작!

Part 1
03
세 가지나 된다! 주식으로 수익을 내는 법①
'시세차익'과 '배당'

▶ 주가 상승을 노리는 '시세차익'

주식거래는 왜 하는 것일까? 사람마다 다르겠지만 주식투자의 목적은 거의 하나, 수익을 얻는 것에 수렴한다.

주식투자로 수익을 내는 방법은 크게 3가지인데, 그중 가장 큰 비중을 차지하는 것이 시세차익(Capital Gain)이다.

주식의 가격(주가)은 증권거래소에서 거래되는 동안 시시각각 변한다. 그러므로 주가가 쌀 때 매수하고 주가가 상승했을 때 매도하면 그 차액분을 수익으로 얻을 수 있다. 이것이 시세차익이다. 다만 주가 상승을 예상하고 매수했는데 오히려 주가가 하락하는 일도 드물지 않다.

그 때문에 어느 기업의 주식을 매수할지 신중하게 판단해야 한다. 이 책을 통해서 그 방법을 살펴보자.

▶ 수익의 일부가 환원되는 '배당'

기업은 영업 활동을 통해 수익이 나면 그 일부를 주주에게 환원한다. 이것을 배당이라고 하며 주주가 수익을 얻는 두 번째 방법이다.

하지만 모든 기업이 배당금을 지급하는 것은 아니다. 순이익이 적자인 회사라면 배당을 하기 어렵고 기본적으로 실적이 좋은 기업이 배당금을 많이 지급한다. 실적이 좋아지면 배당도 늘어나지만(증배) 실적이 나빠지면 배당이 줄어들거나(감배) 배당 자체가 없어질 수도 있다(무배).

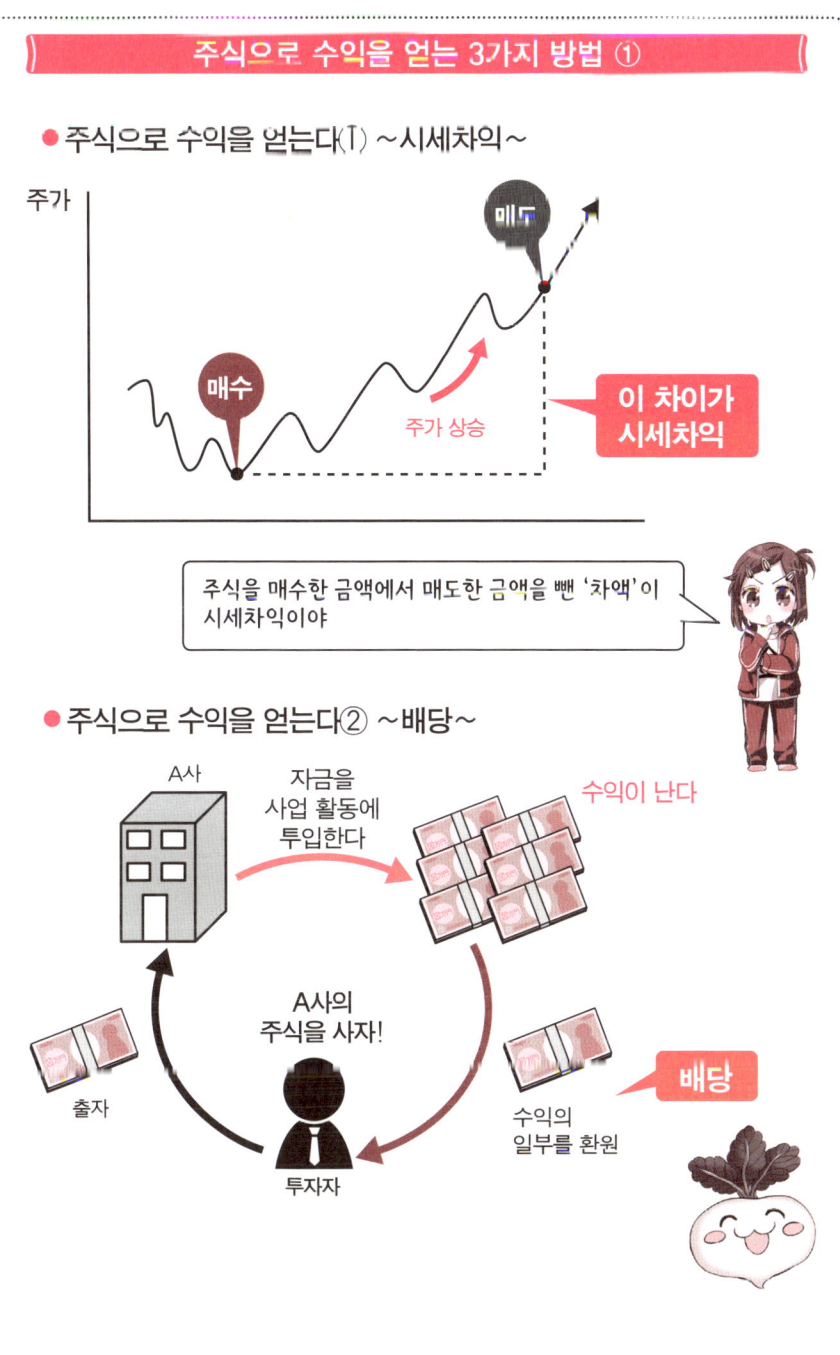

Part 1
04

세 가지나 된다! 주식으로 수익을 내는 법②
기분 좋은 보너스♪ '주주우대'

◉ 한정품을 받을 수도!

주식투자로 수익을 얻는 세 번째 방법은 '주주우대'다. 투자자가 투자한 기업으로부터 받는 일종의 보너스라고 생각하면 좋을 것이다.

보너스의 내용은 기업에 따라 다르지만 대부분 그 기업의 제품이나 서비스를 제공한다. 식품 제조업체와 음료업체는 자사 제품, 철도회사는 무료 패스나 회수권, 영화사는 무료 영화 티켓 등을 제공하는 식이다.

그중에는 희귀한 한정품이나 기업의 업무와는 전혀 관계없는 상품도 있다.

배당금과 마찬가지로 모든 상장기업이 주주우대 정책이 있는 것은 아니므로 주주우대의 유무와 내용은 증권사의 홈페이지 등에서 확인하도록 하자.

◉ '단 하루만 주주'여도 된다

주주우대를 받으려면 '주주의 권리확정일에 주주'여야 한다. 권리확정일은 대부분 회사의 결산일이다. 3월이 결산인 기업이라면 권리확정일은 3월 말일이다.

이때 주의할 점이 있다. 권리확정일에 주주 명부에 등록되려면 3영업일 전(권리부 최종일)까지 주식을 매수해야 한다. 권리확정일에 주식을 매수하면 그로부터 며칠 뒤에 등록되므로 주주우대를 받을 수 없다.

주식으로 수익을 얻는 3가지 방법 ②

● 주식으로 수익을 얻는다③ ~주주우대~

기업	필요 주식 수	주주우대
기린홀딩스	100주 이상	자사 그룹 상품권 (주류, 청량음료 등)
도호(東宝)	100주 이상	영화 우대권
카고메	100주 이상	자사 상품 (식품, 주스 등)
니혼수산(日本水産)	500주 이상	자사 상품
다카시마야(高島屋)	100주 이상	주주우대 카드 (10% 할인)

주주우대를 받을 수 있는지는 '주식수'로 결정되는 구나

● 헷갈리기 쉬운 '권리확정일'
   ~ '31일'이 권리확정일인 경우 ~

권리부 최종일 ◀ 주식을 사려면 늦어도 권리확정일 2거래일 전에

27일 (목)	28일 (금)	29일 (토)	30일 (일)	31일 (월)
거래일	거래일	휴무	휴무	거래일

권리락일 — 이 기간에 사면 주주우대를 받을 수 없다 — 권리확정일

Part1 05 주가가 오르는 이유

◉ 실적이 좋아지면 원하는 사람이 증가한다

주식으로 수익을 내는 방법을 세 가지 소개했는데, 그중 가장 큰 수익을 기대할 수 있는 것이 시세차익이다. 주가 변동에 의한 차익을 노리는 방법이다. 그 전에 왜 주가가 변동하는지 그 이유를 살펴보자.

원래 물건 가격은 수요와 공급으로 결정된다. 당연히 '사고 싶은' 사람이 늘면 주식의 가격도 상승한다.

그렇다면 사람들은 어떤 때 주식을 사고 싶어 할까? 그 기업의 실적이 좋아질 것으로 판단되었을 때다. 실적이 좋아질수록 주주에게 돌아오는 수익이 커지기 때문에 그 기업의 주식을 사고 싶은 투자자가 늘어나는 것이다.

그 결과 주가가 상승한다.

◉ 실적이 악화되면 팔고 싶다

반대로 실적이 악화되면 주주에게 돌아올 수익이 적어지거나 없어질 것이다. 더욱이 회사가 파산하기라도 하면 주식은 종잇조각이나 다름없는 (주가 0엔) 상태가 된다.

그런 리스크가 있다고 생각하면 그 기업의 주식을 처분하려는 투자자가 증가하고 결과적으로 주가가 하락한다.

또 경기나 시장에 유통되는 돈의 금리 등도 주가에 영향을 준다.

용어해설 ※ **금리** : 자금을 빌리는 사람이 대출해주는 주체에 지급하는 돈을 말한다. 금리가 높아지면 은행예금 등에 자금이 모여 주식시장으로부터 자금이 빠져나가기 쉽다.

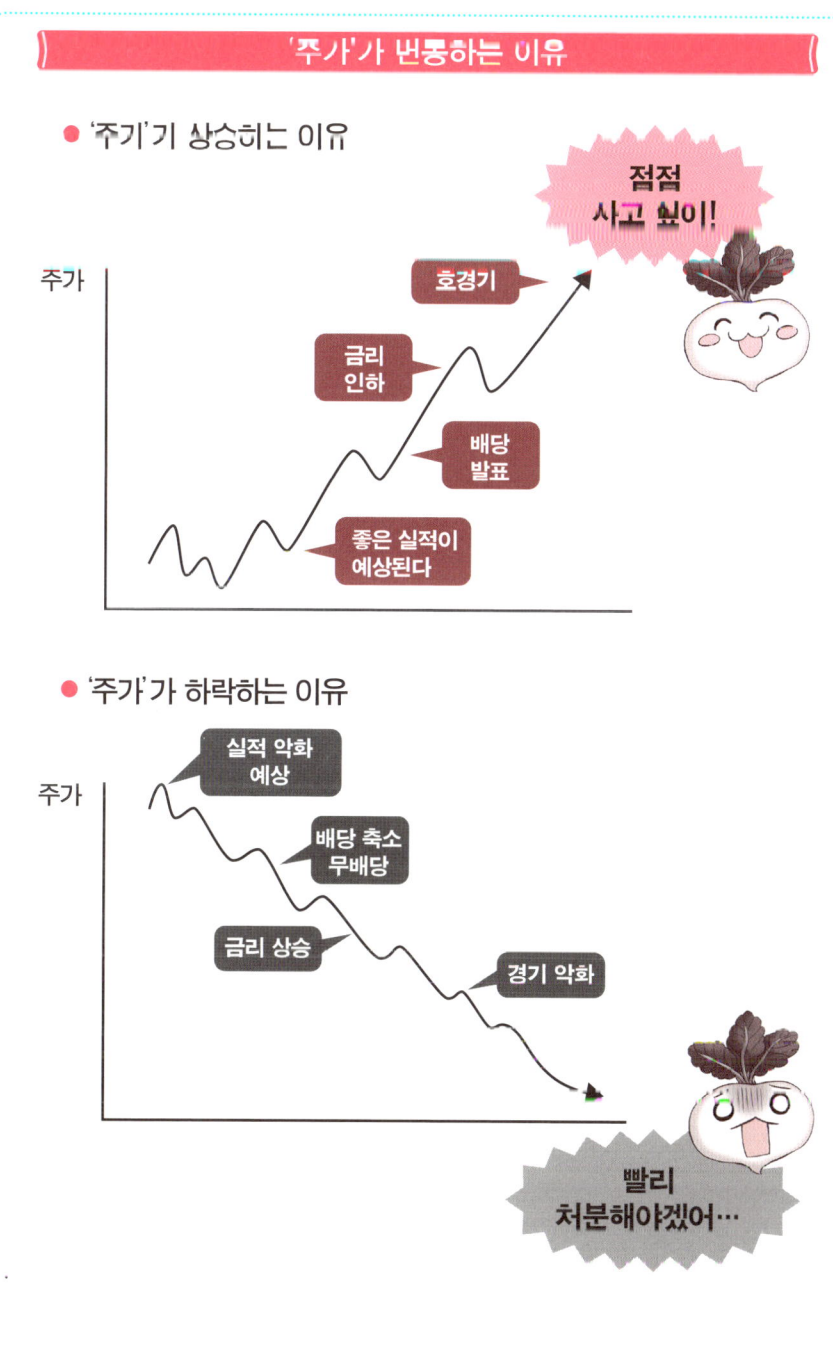

Part1 06 '호가창'을 잘 보자

◉ 시장 동향을 파악한다

시장 동향을 파악하려면 매매 주문 현황을 파악하는 것이 중요하다. 종목별 주문 상황은 증권사 홈페이지나 트레이딩 앱에서 '호가창'이라는 것으로 확인할 수 있다.

또 거래 시간 외에도 증권사를 통해 매매 주문을 할 수 있다. 주가를 크게 변동하게 하는 '재료'가 나오지 않는 한 주문 가격은 전날의 종가 부근에 집중된다. 이 시간대의 주문 정보는 거래 시작 전인 아침 8시경부터 볼 수 있다.

◉ 매도 주문이 많은가, 매수 주문이 많은가

매일 장이 열리면 '매수 주문 창'과 '매도 주문 창'이 동시에 빠르게 움직이기 시작한다. 그리가 매수세가 붙는 상승 국면일 때는 매수 호가가 얇아지고 호가에 있는 수량이 없어지며 호가상에 표시된 것보다 높게 수가가 변동된다. 반대로 주가가 하락 국면일 때는 매도 호가가 쌓이고 매수 호가가 얇아진다.

Check!

'허수주문'에 주의하자

호가창을 보고 있으면 대량거래가 성사될 것 같은데, 주문이 취소되는 일이 있다. 이것이 '허수주문'이라고 하며 '매수할 생각이 없는 주문', '매도할 생각이 없는 주문'이다. 실제로 체결시킬 의향이 없으면서도 주문이 많은 것처럼 보이게 해서 주가를 조종하려는 것으로 위법 행위다.

용어해설 ※ **재료** : 주가에 영향을 주는 정보를 말한다. 회사 실적, 물가, 외국 정세 등 다양한 요인을 꼽을 수 있다.

호가창을 통해 시장의 움직임을 읽어보자!

'호가창'의 수치는 시황에 따라 변한다. 매도 주문이 늘어나면 '매도 잔량'이 줄고 매수 주문이 늘어나면 '매수 잔량'이 줄어든다.

매도 잔량	호가	매수 잔량
24,700	128	
12,300	127	
11,500	126	
	125	34,100
	124	25,300
	123	67,100
	122	26,700

126엔 지정가로 11,500주의 매도 주문이 나왔음을 보여준다. 그리고 '매도 잔량'이 많으면 주가는 하락하기 쉽고 주가가 상승하면 매수 잔량에 밀려서 매도 잔량이 줄어든다.

125엔 지정가로 34,100주의 주식을 매수할 수 있다. '매수 잔량'이 많으면 주가는 상승하기 쉽고 주가가 하락할 때는 매도세에 밀려서 매수 잔량의 수가 줄어든다.

장 종료 후 주문 정보는 다음 날 아침 8시 쯤부터 볼 수 있어

이것만 알면 된다! 주식을 주문하자

◉ 2가지 주식 주문 방법

주식을 주문하는 방법에는 두 가지가 있다. 첫 번째는 '가격을 불문하고 시장에서 체결되는 가격으로 사는(파는) 시장가 주문'이다. 두 번째는 '얼마에 산다고 가격을 지정하고 사는(파는) 지정가 주문'이다. 또 주문을 낼 때는 주식의 수량과 기한을 설정한다. 당일 한정으로 하거나 기일을 지정해서 주문 유효기간을 정하면 된다.

◉ 시장가 주문의 단점

현재 시장에서 거래되는 가격보다 싸게 사고자 한다면 지정가로 원하는 가격을 지정하면 가격 제한 이내에서 얼마든지 낮게 주문할 수 있다. 그러나 가격이 낮으면 주문을 낸 호가까지 가격이 하락하는 데 시간이 걸리거나 주문이 아예 체결되지 않을 수도 있다. 반면 시장가 주문을 하면 가장 빠르게 주식을 매수할 수 있다. 하지만 간혹 예상치 못한 가격에 매매가 체결될 수도 있으므로 반드시 그 주식을 사고 싶을 때만 선택하는 것이 좋다. 매도할 때도 마찬가지다.

○ Check!

'자동 감시 주문'을 활용하자

지정가 주문과는 달리 설정 가격 이하 또는 이상이 되면 매수 또는 매도 주문을 실행하는 '자동 감시 주문'을 할 수 있다. 주로 손실을 한정하거나 일정한 조건으로 수익을 확정하고 싶을 때 사용한다.

주문 방법을 알아보자!

● '시장가 주문'과 '지정가 주문'

시장가 주문		지정가 주문
가격을 지정하지 않고 시장에서 체결되는 가격으로 매매하는 주문 방법	개요	가격을 지정해서 매매하는 주문 방법
주문이 쉽게 체결된다	장점	자신이 원하는 가격으로 주식을 매매할 수 있다
예상치 못한 가격으로 매매가 체결되기도 한다	단점	시세와 동떨어진 가격을 지정하면 좀처럼 매매가 체결되지 않는다

● '지정가 주문'과 '자동 감시 주문'의 차이점 (매도 주문의 경우)

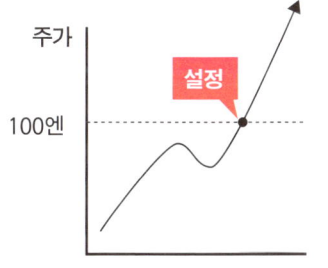

100엔에 지정가 매도 주문을 한 경우   100엔에 자동 주문 매도 설정을 한 경우

지정한 가격까지 올랐을 때 파는 것이 '지정가 주문', 그 가격 이하로 떨어졌을 때 파는 것이 '자동 감시 주문'이야.

Part 1
08 예기치 못한 손실이 날수도? 거래 조건을 잘 보자

❯ 매매 단위를 틀리지 않도록!

　주문할 때는, 주식 수를 잘못 입력하지 않도록 합시다. 현재는 '최저 매매 단위'가 100주로 통일되어 있지만, 과거에는 1주부터 거래할 수 있는 종목, 1000주 단위로 거래가 정해져 있는 종목 등 다양했다. 그때문에 1주만 매수할 수 있는 주식(대체로 고액)을 잘못해서 100주, 1000주로 주문하는 투자자도 있었다.

　또 증권사에 따라서는 미니주라고 해서 100주 미만으로도 매매할 수 있는 제도가 있다. 모든 증권사에서 하는 것은 아니지만 여러 증권사에서 소액 투자자에게는 안성맞춤인 방식이다. 다만 수수료가 비교적 높은 것이 단점이다. [*한국의 경우 '매매 단위' 225쪽 참조]

❯ 팔고 싶어도 팔지 못할 수도 있다

　주식의 '가격제한폭'은 하루에 주가가 극단적으로 오르내리는 것을 막기 위한 제도이다.

　호재가 발표되면 매수세가 쇄도하는데 가격제한폭까지 매수세가 몰려서 매도 주문 수가 부족해 거래가 성립하지 않는 경우도 있다. 이것을 '상한가'라고 한다. 그 반대는 '하한가'라고 하며 가격제한폭까지 하락해도 매수세가 붙지 않는 경우를 말한다.

거래 조건을 잘 살펴보자

● **미니 주식의 수수료**

미니 주식(증권사에 따라 '원주'라고 하기도 한다)의 수수료는 매매 금액(약정내금)에 따라 차이가 난다.

증권사 \ 약정내금	3,000엔	10,000엔	30,000엔	100,000엔
SBI증권	55엔	55엔	165엔	550엔
마넥스증권 ※매수 수수료는 0엔	52엔	55엔	165엔	550엔

2021년 10월 기준

● **주가별로 정해진 '가격제한폭'**

주가	가격제한
100엔 미만	±30엔
200엔 미만	±50엔
500엔 미만	±80엔
700엔 미만	±100엔
1000엔 미만	±150엔
1500엔 미만	±300엔
2000엔 미만	±400엔
3000엔 미만	±500엔
5000엔 미만	±700엔
7000엔 미만	±1000엔
1만 엔 미만	±1500엔
⋮	⋮

[*한국의 경우 '가격제한폭' 225쪽 참조]

이제 개미의 단기 투자는 그만! 꼭 사야 할 주식은 무엇?

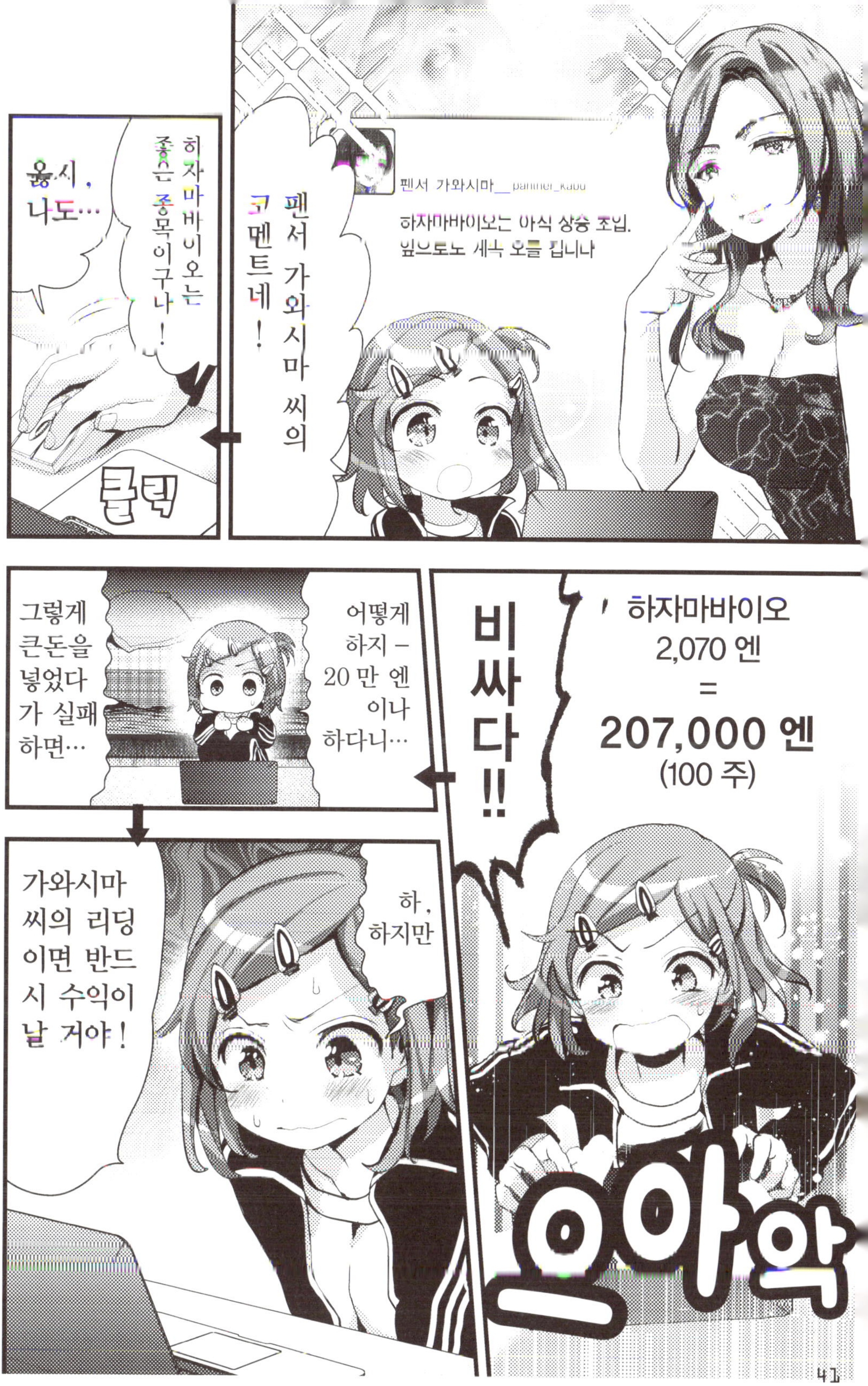

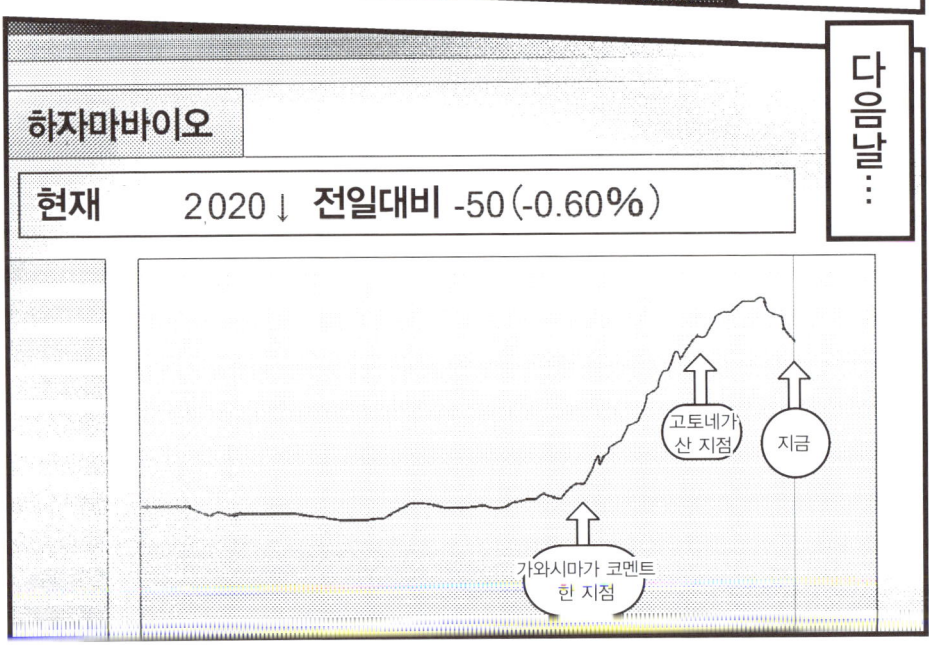

개미는 그 세력들에게 넘어가서 수식을 사는 사람을 말해

세력은 특정한 주식 매매를 하면서 수가 상승을 유도할 목적으로 꼬시는 사람

개미 라이더 & 세력

A사는 매수!

교통정보

A사는 매수할 때래!

트레이드 터널

주식 거래에는 게시판이나 SNS도 중요한 정보원이야

← 억만장자

우워~어어

B사는 어때?!

C사는

말해 봐 말해 봐

거기 적힌 코멘트를 참고해서 투자하는 사람도 많아

B사 정체 중~

※ 이미지

01 인터넷 정보의 옥석을 가리자

Part2

◎ 그 정보는 진실인가 거짓인가

주식투자를 할 때는 정보 수집이 중요하다. 경제 정세와 같은 거시적 관점에서 기업을 분석하는 미시적 관점에 이르는 다양한 정보가 존재한다. 또 정보를 입수하는 경로도 여러 가지다. 특히 인터넷 전성시대인 요즈음에는 주로 SNS를 통해 정보를 얻기도 한다.

하지만 SNS와 같은 인터넷 정보는 소스와 제공자가 불명확한 경우가 많으므로 신빙성이 떨어지는 정보일 수 있다는 점을 알아둬야 한다.

왜 그런 가짜 정보가 돌아다니는 것일까?

◎ 설거지를 당하지 않으려면

거짓 정보를 유포하는 사람의 상황을 상상해 보자. 주식을 매수하면 어떻게든 그 종목의 주가를 끌어올리고 싶을 것이다. 그런 이유로 '가짜 정보'를 흘린다.

만화에 나온 것처럼 '얀다전기 주식은 지금부터 시작이다!', '하자마바이오는 아직 초기다. 업사이드가 충분하다'라고 부추긴 다음 주가가 오르면 매도하려는 의도가 숨어 있다.

문제는 이 가짜 정보로 인해 실제로 주가가 상승하는 일도 드물지 않다는 것이다. 물론 주가 상승은 오래가지 않으며 선동에 넘어간 투자자가 손실을 떠안는 일이 비일비재하다. 이른바 고점에 매수해 '설거지를 당하는' 것이다.

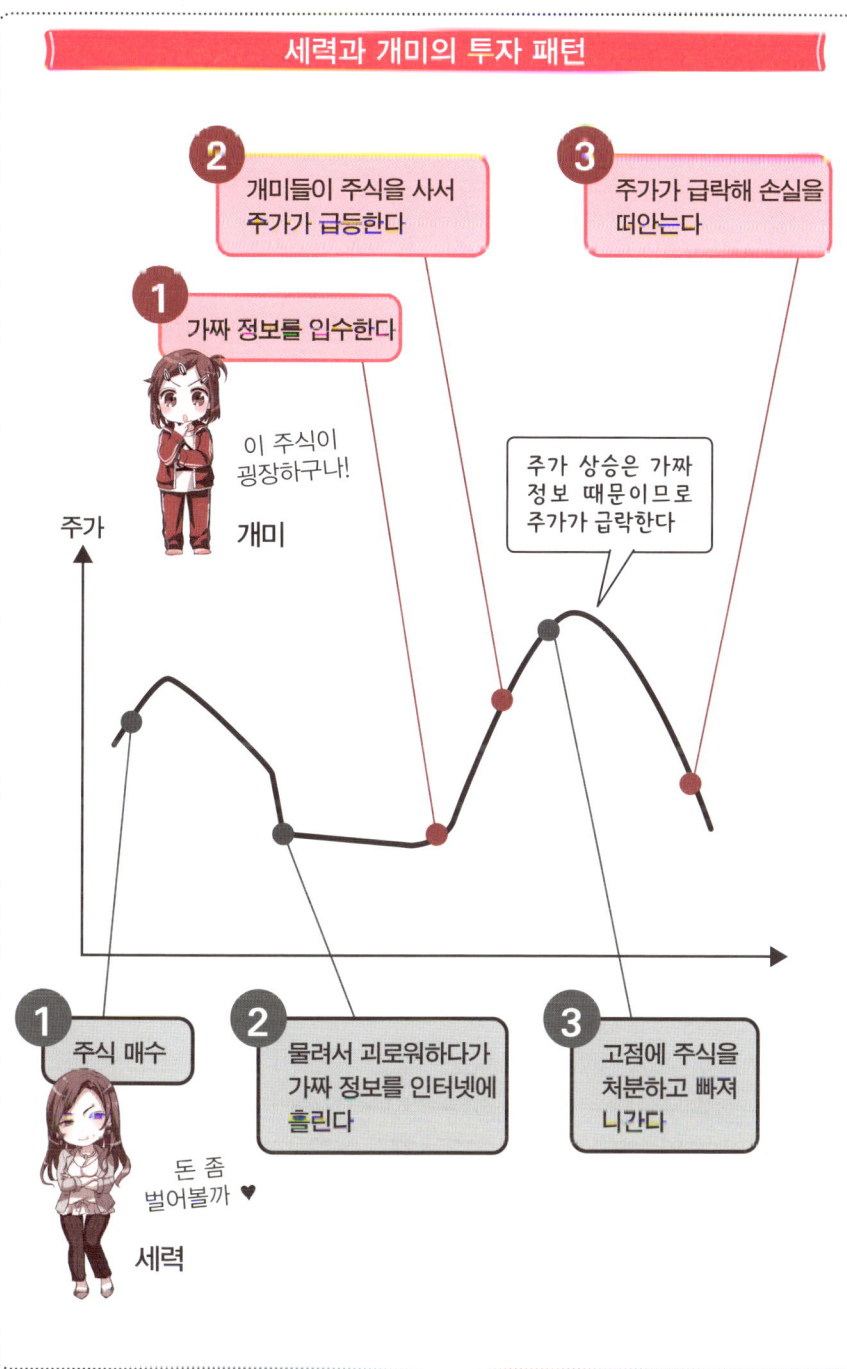

Part2 02
'펀더멘탈 분석'과 '기술적 분석' 무엇이 더 효과적일까?

◎ 2가지 분석 방법

주식투자를 하려면 먼저 매수할 종목과 매수 시점을 정해야 한다. 좋은 종목인지 확인하려면 그 기업의 사업 내용과 실적을 살펴본다. 또 경제 환경과 그 기업이 속한 업계 동향도 파악해야 한다.

'기업 가치와 주가에 차이가 있는 경우, 그 차이를 메우려고 주가가 상승한다'고 생각하여 주가를 움직이는 경제적 요인을 근거로 주가 변동을 예측하는 방식을 '펀더멘탈 분석'이라고 한다.

반면 '주가는 수요와 공급의 균형으로 결정된다'는 생각으로 주가 수준을 과거 주가와 비교해 미래의 주가를 예측하는 기법을 '기술적 분석'이라고 한다. 기술적 분석은 Part 3에서 소개하겠다.

◎ 투자 스타일에 따라 다르게 이용한다

펀더멘털 분석과 기술적 분석을 어떻게 구분할까? 우선 스캘핑이나 데이트레이딩과 같은 단기 투자는 기술적 분석을 이용한다. 이때 주가 변동을 그래프로 나타낸 주가 차트를 주된 도구로 사용한다.

중장기 투자에서는 펀더멘털 분석과 기술적 분석을 결합하여 사용한다. 종목 선택은 펀더멘털 분석, 매매 타이밍은 기술적 분석을 적용하는 식이다.

용어해설
※ **스캘핑** : 데이트레이딩보다 보유 기간이 짧은 초단기 매매이다. 몇 초에서 길게는 10분 간격으로 거래한다. 한 번 거래의 수익은 적지만 많은 횟수로 매매하여 수익을 불린다.
※ **데이트레이딩** : 한 종목을 그날 안으로 매매하여 거래 기간을 다음 날로 넘기지 않는다.

'펀더멘탈 분석'과 '기술적 분석' 무엇이 더 효과적일까?

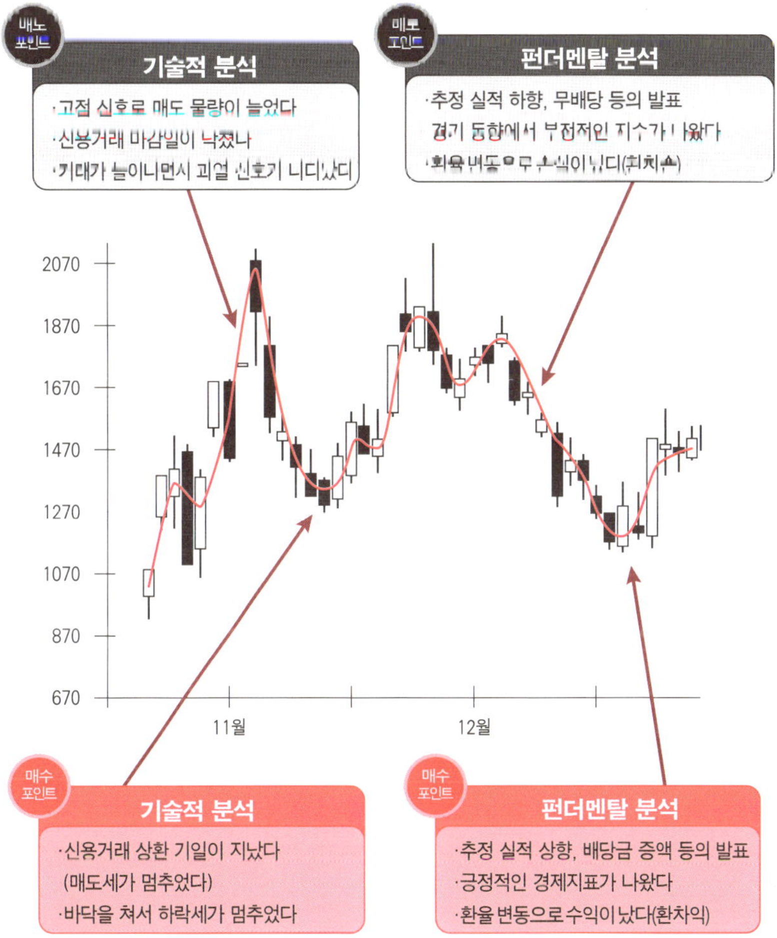

매도 포인트

기술적 분석
· 고점 신호로 매도 물량이 늘었다
· 신용거래 마감일이 낮았나
· 기대가 늘어나면서 과열 신호가 나타났다

매도 포인트

펀더멘탈 분석
· 추정 실적 하향, 무배당 등의 발표
· 경기 동향에서 부정적인 지수가 나왔다
· 회율 변동으로 손실이 났다(환차손)

매수 포인트

기술적 분석
· 신용거래 상환 기일이 지났다
 (매도세가 멈추었다)
· 바닥을 쳐서 하락세가 멈추었다

매수 포인트

펀더멘탈 분석
· 추정 실적 상향, 배당금 증액 등의 발표
· 긍정적인 경제지표가 나왔다
· 환율 변동으로 수익이 났다(환차익)

> 자신의 스타일에 맞는 방법을 고르면 돼

PART 2 이제 개미의 단기 투자는 그만! 꼭 사야 할 주식은 무엇?

Part 2
03 펀더멘탈 분석으로 '좋은 주식'을 찾아보자

● 실적이 좋은 기업에 투자하라!

펀더멘털 분석으로 투자 종목을 선택할 때는 기본으로 돌아가 투자 목적을 명확히 인식하는 것이 중요하다.

'주식투자의 최대 목적은 수익을 얻는 것'이며, 그 수익은 '시세차익'이나 '배당'으로 얻을 수 있다. 인기가 몰려서 주가가 오르는 기업들을 보면 실적이 좋다는 공통점이 있다. 실적이 좋으면 배당이나 주주우대와 같은 보상도 기대할 수 있다.

반대로 실적이 나쁜 기업은 배당을 기대할 수 없을 뿐 아니라 파산 위험이 커져 주식이 종잇조각이 될 수도 있기 때문에 인기가 떨어지고 주가가 하락한다.

● '현재'가 아닌 '미래'에 주목하라

물론 실적이 좋은 회사의 주식이 반드시 오른다고 할 수는 없다. 현재 실적이 좋아도 미래에 실적이 나빠질 것으로 예측이 되면 주가는 반드시 떨어진다.

주가는 현재 실적이 아니라 반년 후, 1년 후와 같은 미래에 초점을 맞춰서 움직이는 습성이 있다. 비록 지금 실적이 나빠도 앞으로 회복되리라는 전망이 있으면 주가는 상승한다.

종목을 선정할 때는 얼마나 효율적으로 돈을 벌고 있는가 하는 '수익성', 미래에 수익을 창출하는 사업인가 하는 '성장성', 부채 규모와 파산 위험이 적은가 하는 '건전성'을 중시해야 한다.

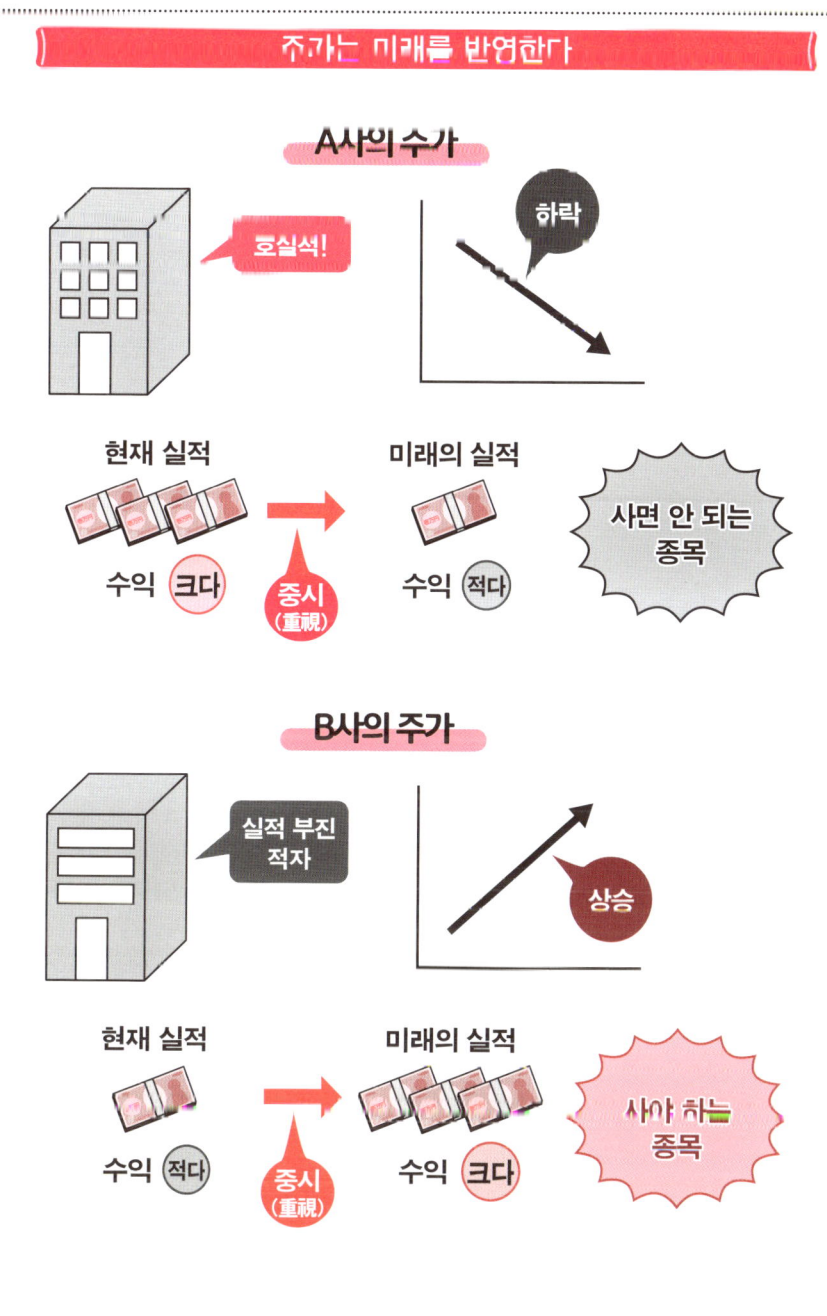

Part 2
04 고수는 '실적 공시'로 미래를 읽는다

◉ 최신 정보를 꼭 확인하자

주식을 발행하는 기업은 1년에 4회 결산을 해서 실적을 발표할 의무가 있다. '실적 공시(분기 보고서)'라는 형태로 일반에도 공개되며 인터넷에서 전자공시로 확인할 수 있다.

실적 공시는 주가에 큰 영향을 주므로 **보유 주식의 기업이나 투자를 고려하는 기업의 전자공시는 반드시 훑어보도록 하자.**

요약재무제표를 보면 '포괄손익계산서'와 '재무상태표'에 관한 요약 정보가 손쉽게 볼 수 있게 나와 있으므로, 매출과 영업수익, 순이익 등을 한눈에 확인할 수 있다.

실적은 전기 수치도 게재되므로 실적 변화율에 주목해야 한다. 또 일본 주식거래에서의 대표적 참고 자료인 결산 단신에서 '경영 성적·재정 상황에 관한 분석'의 항목을 보며 현재에서 미래에 이르기까지의 경영 상황과 향후 방침을 확인할 수 있다.

● Check!

■ 예상 실적의 수정 사항을 확인하자

분기보고서가 나오기 전에 '예상 실적 수정'이 발표되는 경우가 종종 있다. **당초 예상한 실적이 크게 빗나갈 것으로 예측되었을 때 발표한다.** 실적이 더 좋아질 것으로 예측(실적 상향 조정)할 때는 주가가 오르고 실적이 나빠질 것으로 예측(실적 하향 조정)할 때는 주가가 떨어진다.

용어해설 ※ **요약 정보** : 요약된 정보이다. 결산 단신의 첫 페이지에는 기업의 실적과 재무 등 요약된 정보가 나온다.

결산 단신을 읽는 법 (요약 정보)

2021년 3월기 제3분기 결산 단신(연결)

2021년 1월 **일

상 장 사 명	●●●주식회사 상장거래소 도쿄거래소
코 드 번 호	**** URL http://www.vvxyz.co.jp
대 표 자 (직급명)	대표이사 사장 (이름) ******
문의처 책임자 (직급명)	상무이사 (씨름) ****** (TEL)**(****)****
분기 보고서 제출	예정일 2021년 2월**일 배당 지급 개시 예정일 ―

(백만 엔 미만 절사)

1. 2021년 3월기 제3분기 연결 실적(2020년 4월 1일~2020년 12월 31일)

(1) 연결경영성적(누계) (%표시는 전년 동분기 증감률)

	매 출 액		영업이익		경상이익		모회사주주에게 귀속되는 분기 순이익	
	백만 엔	%	백만 엔	%	백만 엔	%	백만 엔	%
21년 3월기 3분기	1,091	△6.3	40	△23.0	43	△21.1	18	△45.5
20년 3월기 3사분기	1,164	7.1	56	△11.7	59	△12.8	39	0.6

	주당 분기순이익	잠재주식조정 후 주당 분기순이익
	엔 전	엔 전
21년 3월기 3분기	3.35	―
20년 3월기 3분기	5.27	―

→ 실적 (전기 대비 증감)

(2) 연결재무 상태

	총 자 산	순 자 산	자기자본비율
	백만 엔	백만 엔	%
21년 3월기 3분기	47,450	36,415	76.7
20년 3월기	42,740	36,474	85.3

(참고) 자기자본 2021년 3월 준기3사분기 3,426 백만 엔 2020년 3월 3,482 백만 엔

2. 배당 상황

	연간 배당금				
	1분기 말	2분기 말	3분기 말	기 말	합 계
	엔 전	엔 전	엔 전	엔 전	엔 전
20년 3월기	―	4.00	―	2.00	6.00
21년 3월기	―	―	―		
21년 3월기(예상)				4.00	4.00

→ 배당 유무 · 증감

(주) 최근에 공표된 실적 예상으로부터의 수정 유무 : 무

3. 2021년 3월기 연결 실적 예상(2020년 4월 1일~2021년 3월 31일)

(%표시는 통기는 전기 대비, 4분기는 전년 대비 동분기 증감률)

	매 출 액		영업이익		경상이익		모회사 주주 귀속 하는 당기순이익		주당 당기순이익
	백만 엔	%	백만 엔	%	백만 엔	%	백만 엔	%	엔 전
통 기	4,602	△5.2	142	△31.5	156	△35.0	―	―	16.2

(주) 최근에 공표된 실적 예상으로부터의 수정 유무 : 유

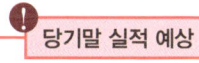
→ 당기말 실적 예상

실적 예상이 대폭 수정되면 주가도 크게 변동할 가능성이 커

Part 2
05 이런 주식은 반드시 수익이 난다!

◉ 흑자 전환하는 기업

주가는 실적에 크게 좌우된다. 그런데 사상 최고 이익이라는 뉴스가 나오면서 주가가 하락하는 패턴도 흔하게 보인다. 앞에서 말했듯이 '현재' 실적은 호조여도 반년 후나 1년 후에 수익이 감소할 것으로 예상하면 투자자는 그 점에 주목해 주식을 팔아 버리기 때문이다.

주가는 실적 변화율에 반응한다. 그중에서도 기업의 주된 사업 활동으로 인한 수익을 뜻하는 영업수익이 적자에서 흑자로 전환하는 기업의 주식은 높은 상승률을 예상할 수 있다.

지속해서 영업적자를 기록하여 주가가 싼값에 방치되어 있다가 흑자를 내는 타이밍에 주가는 상승하기 때문이다.

결산 단신, 한국에서는 예상 리포트를 보면 예상 당기 실적이 기록되어 있다. 전기까지 적자였다가 이번 분기 말 실적이 흑자가 될 것이라고 예상하는 기업은 꼭 사야 한다. 물론 예상 실적도 분기마다 새삼스럽으로 그때그때 확인해야 한다.

◉ 배당금을 증대하는 기업

배당금의 증감도 확인해야 한다.

지속적으로 영업적자를 내는 기업은 대부분 배당금을 지급할 여력이 없다. 하지만 그런 기업이 배당금 지급을 발표하면 투자자들은 그 점에 주목하기 시작한다. 혹은 실적이 상향되어 배당금이 늘어나면(증배) 주가가 오른다.

반대로 배당금이 줄거나(감배) 없어지면(무배) 주가는 하락한다.

용어해설 ※ **사상 최대 이익** : 기업의 이익이 사상 최고치를 기록했을 때 이 표현을 사용한다. 주로 매출에서 매출 원가를 차감한 영업이익이나 세금 등 모든 비용을 지급한 후의 당기순이익을 가리킨다.

뉴스 검색을 활용하지 (미쓰이증권의 예)

● 원하는 키워드로 검색한다

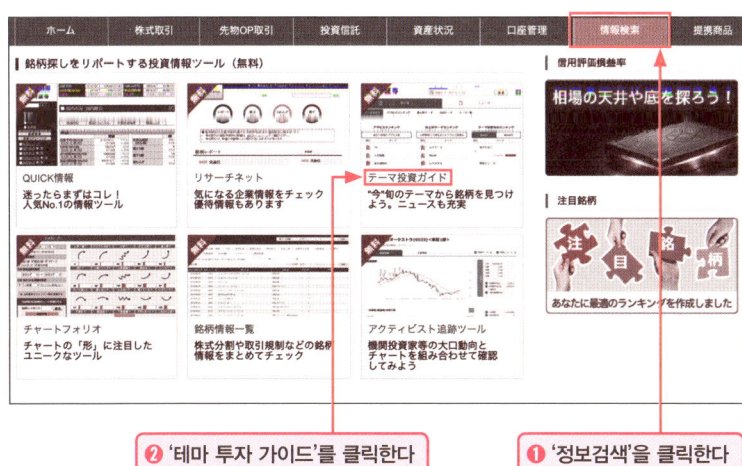

❷ '테마 투자 가이드'를 클릭한다
❶ '정보검색'을 클릭한다

● 검색 결과에서 뉴스를 선택한다

❹ 중요한 뉴스가 게재된다
❸ '뉴스'를 클릭한다

[*한국의 경우는 226쪽 참조]

※출처 – 마쓰이증권 웹사이트

Part2 06 주가가 '비싸다' '싸다'는 어떻게 규정할까?

◆ 주가를 단순 비교하지 마라

주가를 단순 비교해서 이 주식은 비싸다(=고평가)고 저 주식은 싸다(=저평가)'고 평가하는 것은 잘못된 방법이다. 앞으로 얼마나 상승할지 생각하면서 해당 종목의 주가 수준을 판단해야 한다.

예를 들면 A사와 B사의 주가는 다음과 같다고 하자.

A사 주가 = 1,000엔

B사 주가 = 100엔

단순히 주가만 놓고 보면 A사의 주가가 높다고 할 수 있지만 그것만으로 '비싸다'고 단언할 수 없다.

A사의 실적이 좋고 장래성도 있으면 1,000엔도 싸고 B사가 계속 적자라면 100엔이라도 비싸다고 생각할 수 있기 때문이다.

◆ 회사 실태를 고려하자

주가가 싼지 비싼지 판단하는 기준은 실적이나 재무 상황 등 여러 요소가 있다.

예를 들면

'수익으로 주가를 측정하는 주가수익률(PER)'

'자산으로 측정하는 주가순자산비율(PBR)'

'경영 효율로 측정하는 자기자본수익률(ROE)'을 들 수 있다.

어느 지표를 보는가는 경영 상황이나 경제 상황에 따라서 다르므로 다음 쪽부터 각 지표에 관해 살펴보겠다.

어느 주식이 더 수익이 날까

A사의 주식
비싸다!
1000엔

B사의 주식
싸다!
100엔

하지만…

회사 상황을 살펴보니

- 실적이 좋다
- 지속적인 배당금 증액
- 장래성이 있다
- 재무체질이 좋다

↗ 앞으로 주가가 **상승하기 쉽다**

- 실적이 나쁘다
- 배당금 없음
- 장래성이 별로 없다
- 재무체질이 좋지 않다

↘ 앞으로 주가가 **상승하기 어렵다**

주식의 가격뿐 아니라 회사 상황을 비교해보자

PART 2 — 이제 개미의 단기 투자는 그만! 꼭 사야 할 주식은 무엇?

Part2 07

고평가·저평가를 구분하는 법①

'PER'을 이용해 수익을 기준으로 생각해보자!

▶ 주가는 수익의 몇 배인가

주가에 큰 영향을 주는 실적의 동향. 그에 해당하는 수익을 주가 수준의 기준으로 삼은 것이 '주가수익율'(PER)이다.

PER은 주가가 주당 수익의 몇 배까지 매수되는지 나타내며 투자한 금액을 몇 년 만에 회수할 수 있는지 알 수 있다.

PER은 '주가를 주당 수익으로 나눈 것'이며, 수치가 낮을수록 저평가되었다고 판단할 수 있다.

예를 들면 A사의 주당 수익이 20엔이고 주가가 300엔일 때, PER은 15배(300÷20)다.

한편 B사의 주당 수익이 50엔이고 주가가 500엔이면 PER은 10배다. 따라서 A사보다 B사의 주가가 더 싸다고 판단한다.

Check!

'예상 PER'과 비교하자

PER이 낮은 종목일수록 저렴하므로 추가 하락에 대한 불안이 적다. 하지만 주가나 당기순이익이 변하면 당연히 PER 수치도 변동하므로 미래의 예상 실적으로 산출한 예상 PER도 확인하도록 하자. 예상 PER 수치가 현재 PER보다 작아져 저렴한 느낌이 든다면 주가가 상승할 확률이 높다고 할 수 있다.

 ※ **추가 하락에 대한 불안** : 현재 주가보다 더욱 하락하는 것을 추가 하락이라고 한다. 지속적으로 하락하며 저점을 확인할 수 없는 상태에 추가 하락에 대한 불안이 있다고 표현한다.

'수익'으로 주가 수준을 판단한다

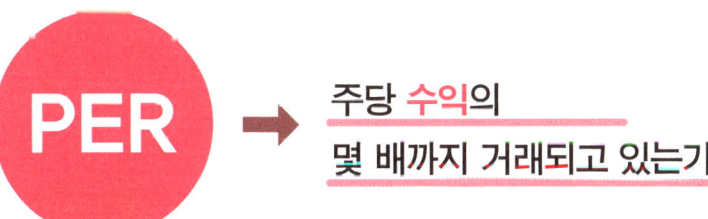

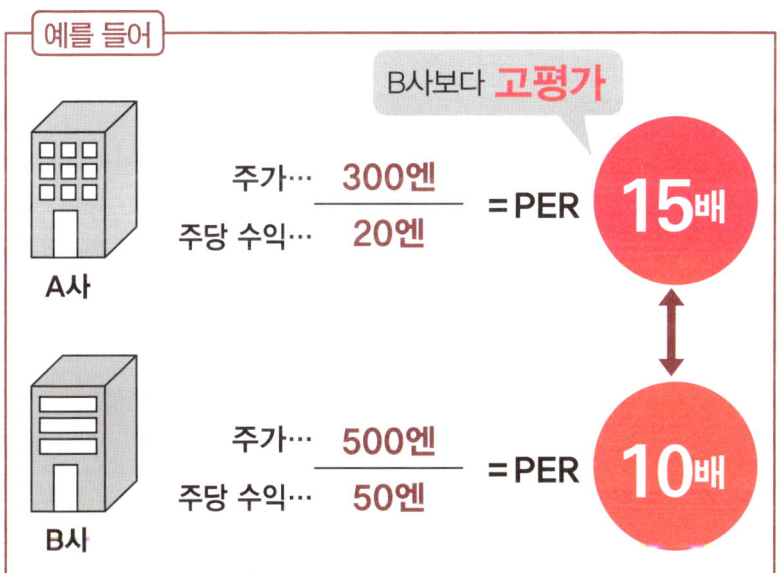

Part 2 - 08

고평가·저평가를 구분하는 법②
'PBR'을 이용해 자산을 기준으로 생각해보자!

● 회사가 해산할 경우 주주의 몫

회사의 자산으로 주가 수준을 가늠하는 방법도 있다. 주가순자산비율(PBR)이라고 해서 주가를 주당 순자산으로 나누어 산출한다. 그러므로 PBR은 회사가 만일 해산했을 때 주주에게 얼마만큼의 몫이 있는지 나타낸 수치다.

예를 들어 주당 순자산이 500엔이고 주가가 1,000엔이라면 PBR는 2배다(1000÷500).

이때 회사가 해산하면 주주의 몫은 투자금액의 2분의 1이 된다. PBR 수치가 낮을수록 싸다는 뜻인데, 만약 1배 미만이라면 주가가 바닥권이라고 판단할 수도 있다.

● 경제 상황에 따라 주목하는 부분이 바뀐다

회사가 실적을 올리고 경제 상황이 좋을 때는 PER이 중시되지만 경기가 나빠서 시장이 전반적으로 침체되어 있을 때는 PBR이 중시되는 경향이 있다. 사회의 경기가 침체했을 때는 실적이 좋고 나쁨보다 파산 리스크에 대해 의식하기 때문이다.

PBR가 너무 낮을 경우 미래 실적 불안 등의 악재가 숨어 있을 수 있으니 조심하자.

용어해설
- ※ **순자산(BPS)** : 자산총액에서 부채총액을 뺀 것
- ※ **바닥권** : 과거 주가 추이와 비교해 가장 낮은 가격대의 주가 수준이다.

'자산'으로 주가 수준을 판단한다

 한 주당 **자산**의 몇 배까지 거래되는가

공식

PBR = 주가 ÷ 주당 순자산

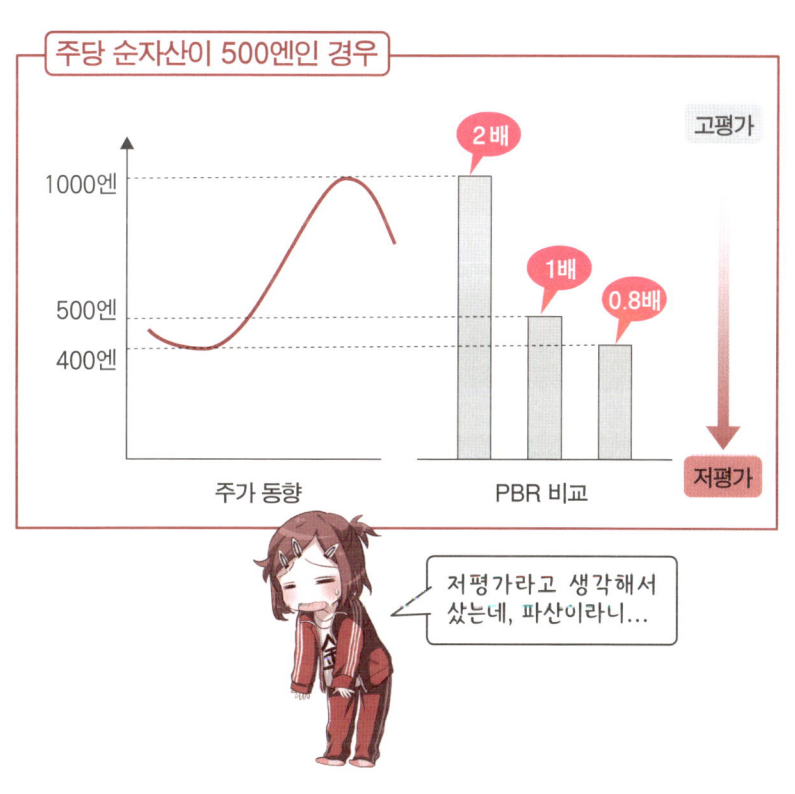

저평가라고 생각해서 샀는데, 파산이라니…

Part 2
09

고평가·저평가를 구분하는 법③
'ROE'를 이용해 경영 효율을 생각해보자!

● 경영 상태로 판단

회사의 경영 방식이 효율적인지 나타내는 지수가 자기자본수익률(ROE)이다.

ROE가 높으면 '회사가 수익을 내기 위해 경영을 잘하고 있다'고 판단하며 경영 방식을 높이 평가해 미래의 실적 향상, 주가 상승에 대한 기대감이 실린다.

<mark>일반적으로 ROE가 10% 이상이면 효율적인 경영을 하고 있다고 본다.</mark> 반대로 ROE가 낮으면 '회사가 자금을 잘 활용하지 못하고 비효율적인 경영을 하고 있다'고 판단한다.

'세후 수익(당기순이익)을 주주 자본으로 나누어' 산출하는 ROE이다. 주가에 따라 변동하지 않기 때문에 PER만큼 수치가 자주 바뀌지는 않는다. 은행이나 생명보험사 같은 주식을 대량 보유하는 안정적 성향이 강한 주주가 중시하는 지표다.

64~69쪽의 지표는 각 증권사의 홈페이지 또는 '네이버 증권'에서도 확인할 수 있다.

Check!

부채도 포함한 'ROA'

같은 지표로 총자산 수익률(ROA)이 있다. <mark>ROE와의 차이는 부채를 포함한 총자산으로 구한다는 점이다.</mark> ROA가 낮으면 효율적인 경영이 이루어지지 않다고 판단한다.

'경영 효율'로 저평가·고평가를 판단한다

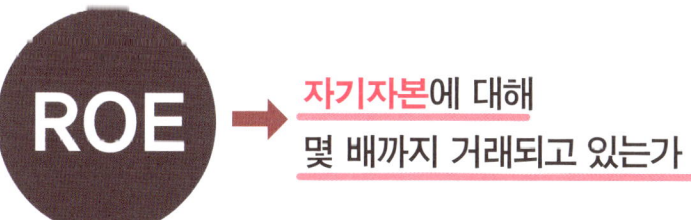
ROE → **자기자본**에 대해 몇 배까지 거래되고 있는가

공식

ROE = 순이익 ÷ 자기자본 × 100(%)

예를 들어

자기자본 1000만 엔을 운용

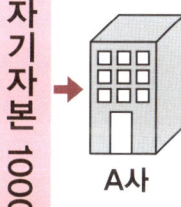
A사

순이익 **150만 엔**

$$ROE = \frac{150만 엔}{1000만 엔} \times 100 = \mathbf{15\%}$$

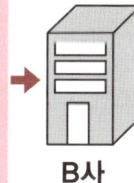
B사

순이익 **70만 엔**

$$ROE = \frac{70만 엔}{1000만 엔} \times 100 = \mathbf{7\%}$$

업종에 따라 ROE가 높아지기 쉬운 회사도 있으므로 '동종 업종에서 비교'하는 게 중요해

Part2
10 한 번에 검색! '스크리닝 기능'

❯ 지표를 조합할 수 있다

PER이나 PBR 같은 지표는 인터넷에서 쉽게 확인할 수 있다. 증권사 홈페이지나 '네이버 금융' 사이트에서 예를 들면 '저PER 순위'를 확인할 수도 있다.

==어떤 지표를 선택하고 중요하게 생각할지는 당시 시황에 따라 달라진다.== 경기가 좋을 때는 실적을 중시하여 PER, 불황 시에는 파산 리스크를 의식한 PBR을 중시하는 경향이 있다. 중요하게 생각하는 지표의 조건을 엄격하게 설정해서 확인하도록 하자.

그때 증권사 사이트에서 공개하고 있는 '검색' 기능이 도움이 많이 된다. 이 기능을 사용하면 여러 가지 지표로 일정한 조건을 채운 종목을 걸러낼 수 있다.

❯ '유망주'를 찾자!

예를 들면 'PER 10배 이하', 'PBR 1.2배 이하', '배당이율 2% 이상'이라는 식으로 몇 개의 지표를 선택해 조건을 입력한 다음 검색하면 조건에 맞는 종목 리스트가 표시된다.

==지표를 많이 지정하고 그 조건을 엄격하게 설정할수록 필터링된 종목은 그만큼 앞으로 유망한 종목일 확률이 높다고 할 수 있다.==

용어해설　※ **유동성** : 주식의 움직임을 나타낸 것이다. 유동성이 높은 주식은 거래량도 많아서 주문하면 바로 거래가 이루어진다. 반면 유동성이 낮은 주식은 주문해도 좀처럼 거래가 성립되지 않는다.

유망주를 검색해보자

- **3가지 지표를 조합하여 판단한다**

주가는 같아도 지표를 비교해보면…

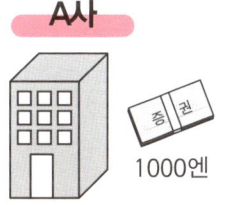

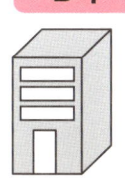

PER	13배
PBR	2배
ROE	15%

PER	15배
PBR	2배
ROE	7%

B사보다 경영을 효율적으로 하고 주가수익률도 높으니까 A사를 매수하는 게 더 좋겠네!

- **실제로 검색 기능을 사용해보자! (마쓰이증권 예시)**

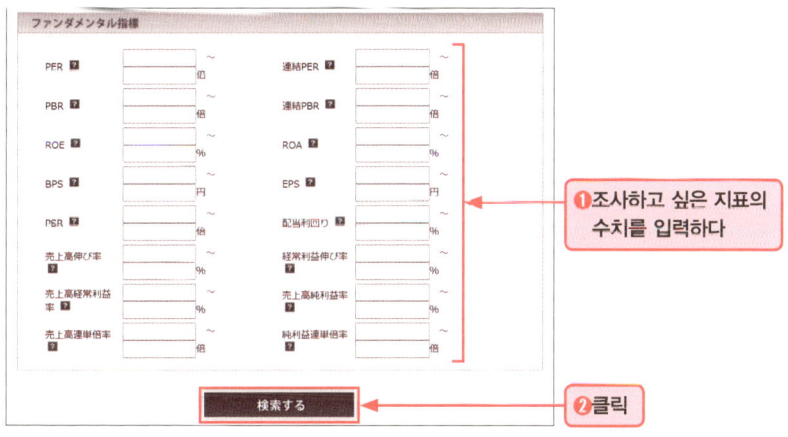

❶ 조사하고 싶은 지표의 수치를 입력하다

❷ 클릭

※출처 - 마쓰이증권 웹사이트

Part 2
11 업종에 따라 다른 주가 수준

◆ 정말로 '저평가'인가?

주식은 업종에 따라 '고평가' '저평가'를 가르는 기준이 다르다.

일반적으로 중후장대 산업과 같은 구체제 경제(Old economy) 기업은 안정성은 있지만 급격한 성장성을 전망할 수 없으므로 저평가된 상태로 방치되고 IT 관련이나 바이오테크놀로지와 같은 장래성이 있는 종목은 비교적 고평가되는 경향이 있다.

그러므로 PER 등의 수치로 기업의 주가 수준을 판단할 때는 가능하면 같은 업종의 경쟁사와 비교해보자. **언뜻 다른 업종과 비교하면 비싸 보였지만 같은 업종 내에서는 저평가된 주식인 경우도 있다.**

Check!

같은 업종의 주식들은 비슷한 움직임을 보인다!

2017년 초 미국 대통령 취임 전 트럼프는 자신의 트위터에 '도요타자동차가 멕시코에 새 공장을 설립한다는 것은 말도 안 되는 일'이라고 언급했다. 그러자 당일, 도요타자동차의 주가는 한때 3% 이상 하락했다.

그런데 이때 도요타자동차뿐 아니라 일본의 다른 자동차 업체 주식이 일제히 하락했다. **이것을 '동반 하락'이라고 하며 한 기업에 악재가 나와 주가가 하락하면 같은 업종의 다른 기업들도 연동해 내려가는 것을 말한다.**

이처럼 동일 업종은 펀더멘털의 변화로 인해 같은 방향으로 주가가 움직이는 경향을 보인다.

용어해설 ※ **중후장대 산업** : 중화학공업 등의 산업이다. '크고 무겁고 두꺼운(重厚長大) 유형의 사업' 분야인 기업을 말하며 구체적으로 철강, 조선, 시멘트 등을 꼽을 수 있다.

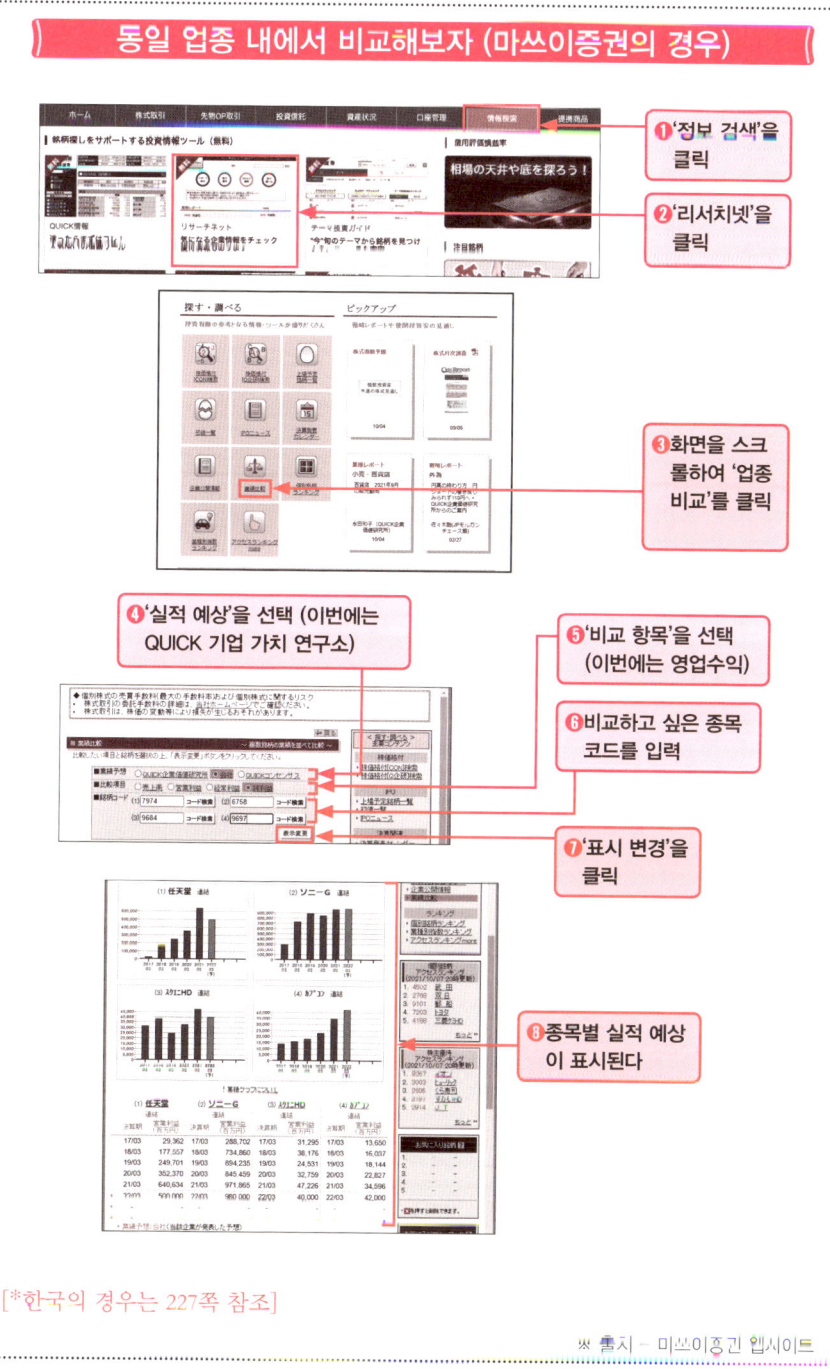

Part2 12 신규 상장 기업을 노려라!

◉ 상승 확률이 높은 IPO주

지금까지 상장하지 않았던 주식회사가 주식을 일반 투자자에게 팔아서 상장하는 일이 있다. 이런 주식을 IPO주(신규 공개주 혹은 신규 상장주)라고 하는데 단기간에 수익을 내기 쉬운 것이 특징이다. IPO주는 상장 직후 오를 확률이 높아서 단기간에 수익을 얻을 기회가 있기 때문이다.

다만 상장하는 회사의 주식 수에는 한계가 있으므로 IPO주는 모든 증권 회사에서 취급하지 않는다. 자신이 계좌를 개설한 증권사에서 IPO주를 다루지 않는 경우에는 그 주식을 취급하는 증권 회사에 새로운 계좌를 개설해야 한다.

◉ 원하는 만큼 살 수 있는 것은 아니다

앞서 말했듯이 IPO주는 상장 후 공모가보다 오를 확률이 높으므로 공모를 신청하는 사람들이 유통 주식 수보다 많은 경우가 꽤 있다. 그래서 IPO주는 추첨을 통해 당첨된 투자자에게 주식이 돌아간다. (한국에서는 간혹 균등 배정을 실시하기도 한다.)

하지만 모든 IPO주가 상승하는 것은 아니므로 사전에 그 회사에 관해 확인하는 과정이 필요하다.

용어해설 ※ **수요예측(book building) 제도** : 기업을 공개할 때 주간사가 공모가격을 결정하는 방법 중 하나이다. 기관투자가의 의견 및 수요상황 등을 참고하여 공모가격을 결정한다.

공모주를 매수한다

1단계: IPO 정보를 확인한다
- 어떤 회사가 IPO(신규 상장)를 하는가
- 주간사는 어디인가
- 공모가를 확인한다
  (수요예측 제도)

2단계: 공모주 신청
- 매수 희망을 신청한다
  (증권사에 따라서는 사전에 매수 자금이 계좌에 필요한 경우가 있다)
- 공모가격대 중 희망하는 매수가를 전한다
  (IPO는 인기가 많으므로 상한선이 되는 경우가 대부분)

3단계: 추첨
- 인기가 많으므로 매수 희망자가 몰려든다
- 주문주식 수가 발행주식 수보다 많으면 추첨으로 정한다

4단계: 추첨결과 확인

당첨될 거야!

5단계: 매수 신청

[*한국의 경우는 228쪽 참조]

PART 3

차트 집중 수업!

안즈 씨는 어떤 때 주식을 매수하나요?
드르륵
그 고민은
차트를 알면 단번에 해결할 수 있어!!
파자
감자
캐러멜
차트는 볼 줄 알아?
보긴 보지만…
덥썩
그냥 오르는 구나~ 정도 밖에…
그럼 당장
차트를 이용한 '기술적 분석' 부터 가르쳐 줄게!

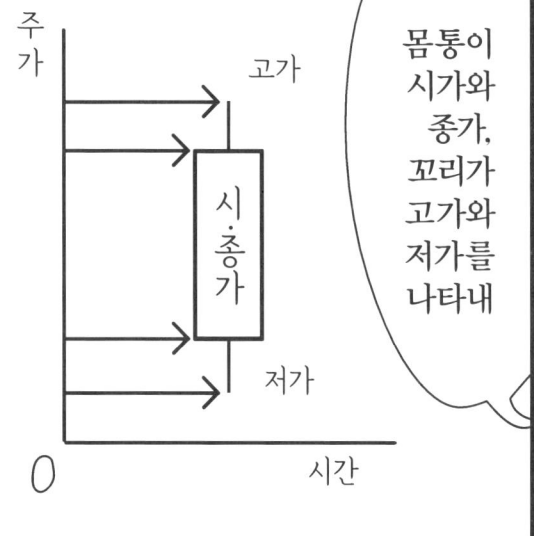

01 '기술적 분석'으로 매매 타이밍을 맞춰라!

◉ 미래의 주가를 예측할 수 있다

미래에 내가 산 주식이 오를지 내릴지는 그때가 되어보지 않으면 알 수가 없다. 이 주식은 오를 것이라고 예측하고 샀는데, 오히려 떨어져서 손해를 보는 일이 비일비재하다. 주가 예측의 정확도를 최대한 높이는 데 위력을 발휘하는 것이 차트를 이용한 기술적 분석이다.

기술적 분석에서는 차트에 표시된 과거의 주가, 거래량, 시간축 등을 통해 미래의 주가를 예측한다. 기술적 분석을 배우면 캔들의 모양이나 여러 지표를 조합해 투자자의 행동을 해석하여 **차트상의 매수 신호와 매도 신호를 찾아서 매매 타이밍을 판단할 수 있다.**

◉ 주가의 움직임을 나타내는 차트

차트는 과거의 주가 움직임을 그래프화한 것이다. 다음 그림은 일반적으로 투자자들이 가장 많이 보는 캔들 차트다.

캔들은 그날의 '고가'와 '저가' '시가' '종가'라는 4가지 주가를 알 수 있다. 양봉(빨간색)일 경우에는 몸통 위쪽이 종가, 아래쪽이 시가가 되며 음봉(파란색)인 경우는 위쪽이 시가, 아래쪽이 종가다. 이처럼 캔들의 몸통과 꼬리의 모양으로 여러 정보를 확인할 수 있다.

용어해설
※ **매수 신호** : 앞으로 주가가 상승할 확률이 높은 주가의 움직임과 캔들
※ **매도 신호** : 앞으로 주가가 하락할 확률이 높은 주가의 움직임과 캔들

차트로 매매 타이밍을 확인한다

● 캔들 차트를 보는 법(일봉)

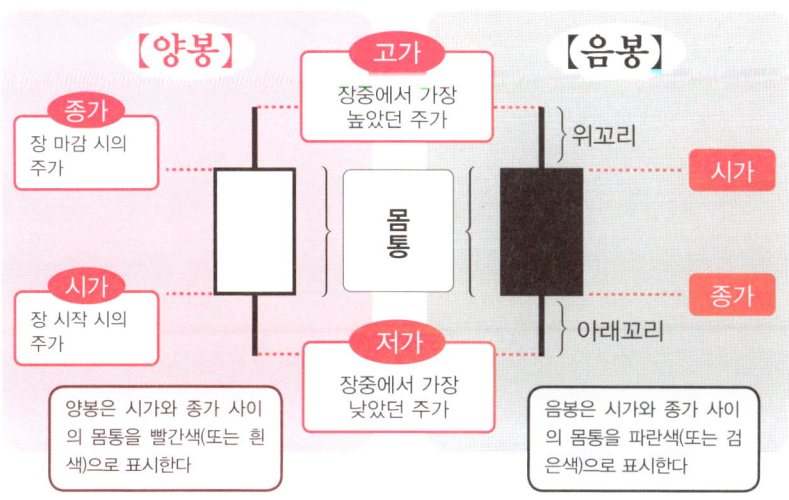

● 실제 차트를 살펴보자!

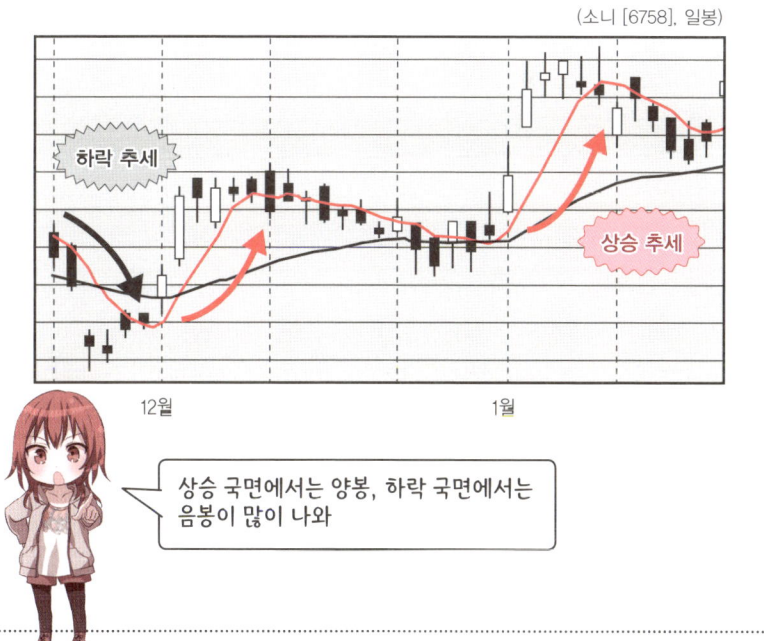

(소니 [6758], 일봉)

상승 국면에서는 양봉, 하락 국면에서는 음봉이 많이 나와

Part3 02 캔들의 기본 패턴

◉ 양봉과 음봉

캔들은 모양에 따라서 몇 가지 종류로 나눌 수 있다.

예를 들어 봉의 몸통 부분의 길이에 따라 '장대양봉' '양봉' '장대음봉' '음봉'으로 나뉜다.

장대양봉은 몸통의 길이가 길고 대체로 시가 대비 종가가 5% 정도 상승했을 때 나타나는 캔들을 말한다. 또 장대양봉과 양봉(또는 단봉이라고도 한다)을 구분하는 명확한 기준은 없지만 대략 상승폭이 3% 이하인 캔들을 양봉(단봉)이라고 표현한다.

장대양봉은 일반적으로 강한 시세를 주는 신호가 되며 앞으로도 주가가 상승할 것을 시사한다. 다만 주가가 고가권인지 바닥권인지, 위꼬리인지 아래꼬리가 달렸는지와 길이로 조금씩 다르게 해석한다.

이것은 장대음봉과 음봉에도 동일하게 적용된다.

◉ 몸통이 없는 '십자형' 캔들

시가와 종가가 거의 같은 캔들을 '십자형'이라고 하며 주가가 움직이기 힘든 '보합세'를 나타낸다.

십자형에서 중요한 것은 꼬리의 길이다. 긴 아래 꼬리는 주가가 크게 하락했지만 그 뒤 급반등했을 때 나타나며 주가가 그 뒤에도 상승할 가능성이 큰 상황이다.

반대로 위꼬리가 긴 십자형은 주가가 크게 상승했지만 다시 쭉 빠져서 제자리로 돌아온 것으로 주가가 하락할 수 있는 상황을 나타낸다.

용어해설 ※**고가권** : 일정한 기간의 추가 차트를 보았을 때 가장 높은 금액에 가까운 가격대를 말한다. 상승하기 힘들고 주가가 하락하기 쉬운 상태라고 할 수 있다.

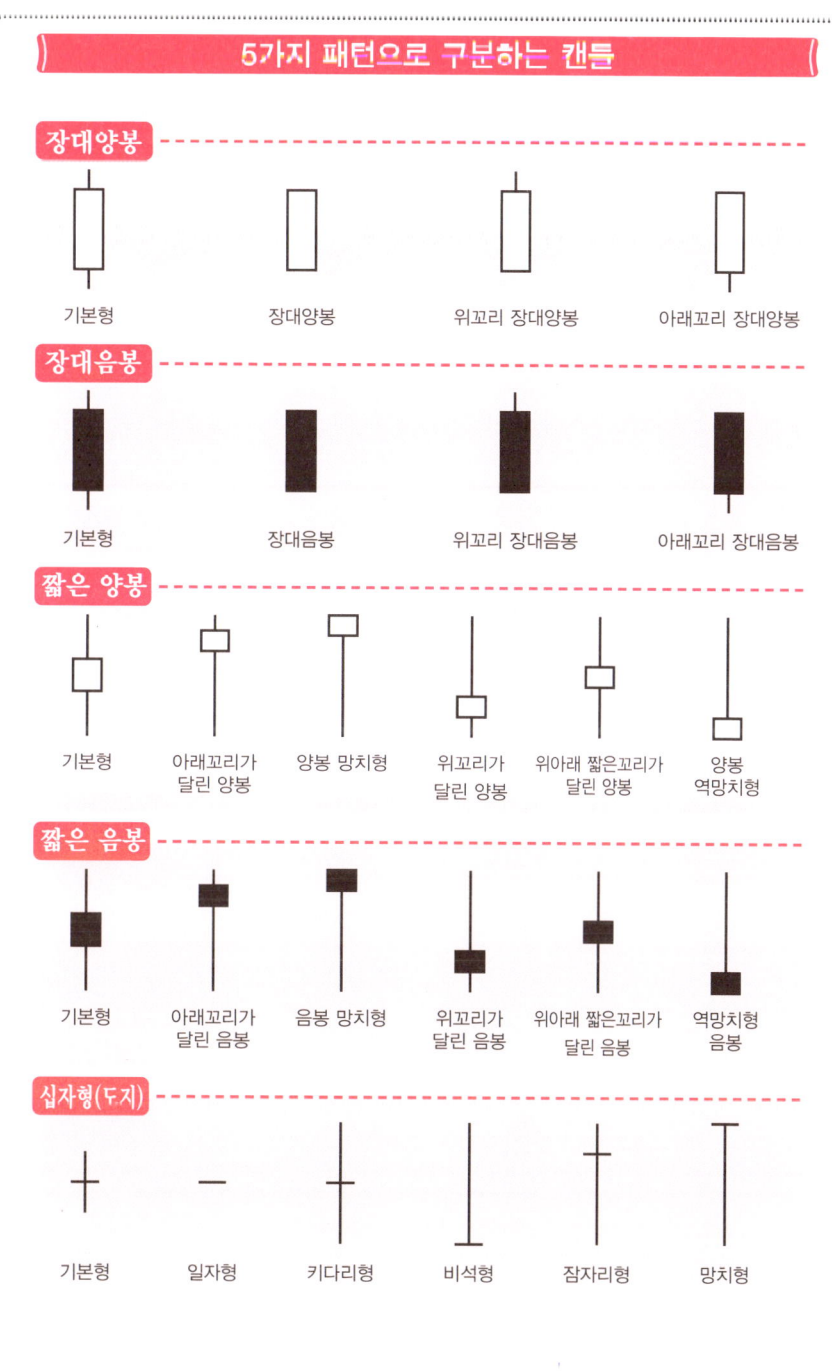

Part3 03 캔들의 위치를 눈여겨보자

◎ 위치에 따라 의미가 다른 캔들

차트에서 주가의 움직임을 예측해, 매수 시점과 매도 시점을 찾아보자. 주가가 오를 때, 혹은 하락할 때, 몇 가지 신호(전조)가 나타난다. 우선은 1개의 캔들이 나타내는 상황을 파악하자.

양봉이 계속 나타나면 주가가 상승 국면에 있다고 본다. 특히 몸통이 긴 '장대양봉'은 앞으로도 상승이 계속된다는 신호다. 하지만 오랫동안 상승해서 이미 고가권에 있을 때는 하락의 조짐이 되는 경우도 있으므로 주의해야 한다. 장대양봉 다음에 나오는 캔들에 주목하자.

반대로 음봉은 하락을 알리는 신호지만 오랫동안 하락이 지속된 후에 나타나는 '장대음봉'은 반전 상승의 전조가 되기도 한다.

● Check!

꼬리의 길이도 주목하자

아래꼬리와 위꼬리의 길이도 잘 살펴보자.
바닥권에서 아래꼬리가 긴 캔들이 나타났을 때는 반전 상승의 신호가 되기 쉽고 반대로 고가권에서 아래꼬리가 긴 캔들이 나타났을 때는 하락의 신호가 되기 쉽다.

캔들의 위치로 신호를 구분하자

 매수 신호

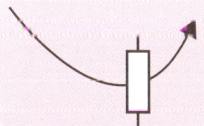
비닥권에서 장대양봉이 나타나면 상승 신호인 가능성이 크다.

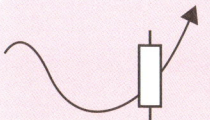
상승 국면에서 장대양봉이 나타나면 가파르게 상승한다.

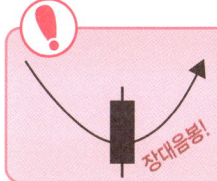
긴 하락을 계속하다가 바닥권에서 장대음봉이 나타나면 상승 반전을 알리는 신호다.

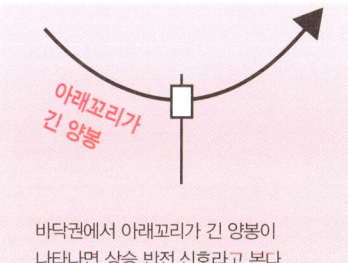
바닥권에서 아래꼬리가 긴 양봉이 나타나면 상승 반전 신호라고 본다.

 매도 신호

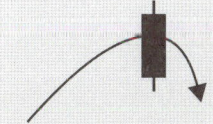
장대음봉이 고기권에서 나타나면 하락이 시작되는 신호일 수 있다.

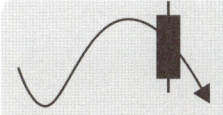
하락하는 도중에 장대음봉이 나타나면 가파르게 하락한다.

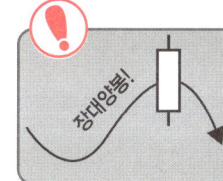
긴 상승 국면을 거쳐 고가권에서 장대양봉이 나타나면 하락 반전 신호라고 생각할 수 있다.

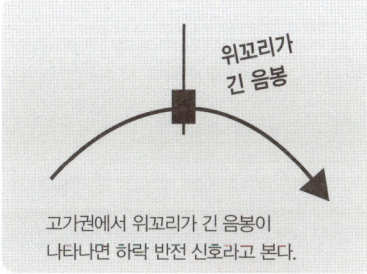
고가권에서 위꼬리가 긴 음봉이 나타나면 하락 반전 신호라고 본다.

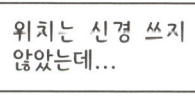
위치는 신경 쓰지 않았는데…

Part3 04 여러 개의 캔들을 조합해보자

◆ 예측 정확도가 높아진다

앞에서 설명했듯이 캔들 한 개로도 주가의 앞날을 예측할 수는 있다. 그러나 예측 정확도를 높이려면 여러 개의 캔들을 조합하는 것이 좋다.

2개의 캔들보다는 3개, 4개 이런 식으로 캔들이 많을수록 정확하게 예측할 수 있다는 뜻이다. 먼저 2개의 캔들을 조합하여 확인해보자.

◆ 잉태선에는 상승과 하락 신호가 있다

두 개의 캔들을 조합한 형태로 '잉태선'이 있다.

이것은 긴 양봉 또는 음봉 이후에 출현한 작은 양봉(캔들)이 전일 캔들의 몸통 안에 들어가 있는 형태를 말한다. 양봉과 음봉의 조합에 따라 4가지 패턴으로 나눌 수 있다.

첫 번째는 장대음봉 안에 짧은 양봉이 들어가는 '상승잉태형'이다. 두 번째는 장대음봉 안에 짧은 음봉이 들어가는 '상승잉태형'이다. 세 번째는 장대양봉 안에 짧은 양봉이 들어가는 '하락잉태형'이다. 네 번째는 장대양봉 안에 짧은 음봉이 들어가는 '하락잉태형'이다.

바닥권에서 나타난 '상승잉태형'은 매수 신호다. 반대로 고가권에서 나타난 '하락잉태형' 매도 신호로 해석한다.

용어해설
 ※ **시가** : 주식시장이 열리고(한국은 오전 9시) 최초로 이루어진 거래 가격
 ※ **마감** : 전장, 후장의 마지막 매매를 말한다. 후장 마지막 매매를 특히 '종가'라고 한다. 또는 거래 시간의 종료를 뜻하기도 한다.

매수 신호와 매도 신호

상승잉태형(1)

전일의 장대음봉 안에 짧은 양봉이 들어간 모양. 전일 종가보다 높게 출발하여 전일 시가보다 낮게 마감했다. 바닥권에서 나타나면 매수 신호.

상승잉대형(2)

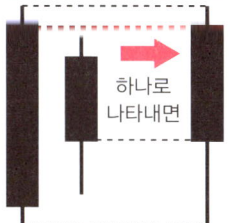

전일의 장대음봉 안에 짧은 음봉이 들어 간 모양. 전일 종가보다 높게 출발하여 전날 시가보다 낮게 마감했다. 바닥권에서 나타나면 매수 신호.

하락잉태형(1)

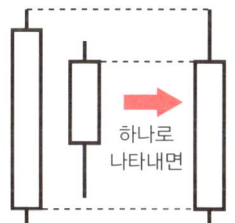

전일의 장대양봉 안에 짧은 양봉이 들어간 모양. 전일 시가보다 높게 출발했지만 전일 종가를 넘지 못했다. 고가권에서 나타나면 매도 신호.

하락잉태형(2)

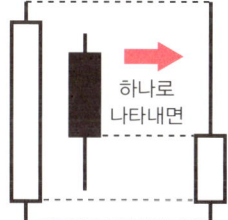

전일의 장대양봉 안에 짧은 음봉이 들어 간 모양. 전날 고가보다 낮게 출발해 하락했다가 다소 회복되었다. 고가권에서 나타나면 매도 신호.

Part3 05

매수 신호 ①
'과도한 매도세'는 매수 신호

● 연속으로 장대음봉이 출현

장대음봉은 약세장의 상징이다. 특히 고가권에서 나타나면 매도 신호로 해석된다. 그런데 바닥권에서 나왔을 때는 반드시 그렇지는 않다.

하락이 지속하는 가운데 장대음봉이 3개 연속해서 나타나면 시장은 약세로 돌아서는데, 이것은 **파는 쪽의 기세가 단숨에 쏟아질 때 나타나는 형태이므로 약간의 매수세가 들어가면 주가는 쉽게 상승 반전할 수 있다.** 이것을 '흑삼병'이라고 하며 바닥권에서 나왔을 때는 매수 기회로 해석한다.

● 공백 지대는 '매도'가 적다

흑삼병과 마찬가지로 강력한 매수 신호가 되는 것이 하락돌파 갭형이다.

하락하는 과정에서 음봉이 4개 연속 나타나며 다시 2개에서 4개째 음봉이 연일 저점을 갱신하며 마감한 형태다. 차트로 보면 네 개의 캔들 사이에 틈이 생긴다. **이 틈을 '갭(GAP)'이며 갭은 거래가 없는 가격대이므로 다시 상승할 때 쉽게 그 틈을 메운다.**

Check!

긴 아래 꼬리는 상승 신호!?

주가가 반전해 상승으로 돌아서기 직전에 오히려 주가가 급락하는 일이 있다. 이것은 절호의 매수 기회다. 악재(주가에 부정적인 영향을 미치는 요소)가 다 나온 경우가 많아 차트 상으로 보면 긴 아래꼬리가 달린 캔들이 등장한다.

용어해설 ※ **저점 갱신** : 주가가 급락해 지금까지의 주가 수준보다 아래로 내려가는 것

바닥에서 매도세가 멈추있다!

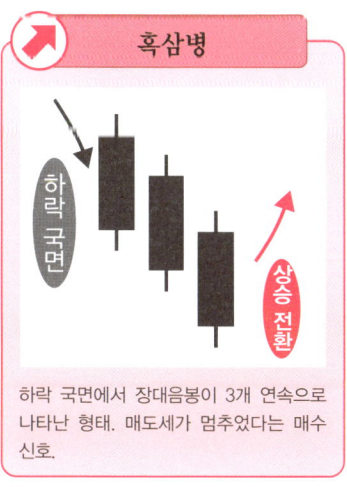

흑삼병

하락 국면에서 장대음봉이 3개 연속으로 나타난 형태. 매도세가 멈추었다는 매수 신호.

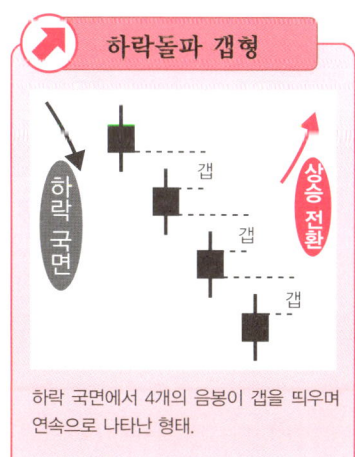

하락돌파 갭형

하락 국면에서 4개의 음봉이 갭을 띄우며 연속으로 나타난 형태.

● 실제 차트로 확인하자!

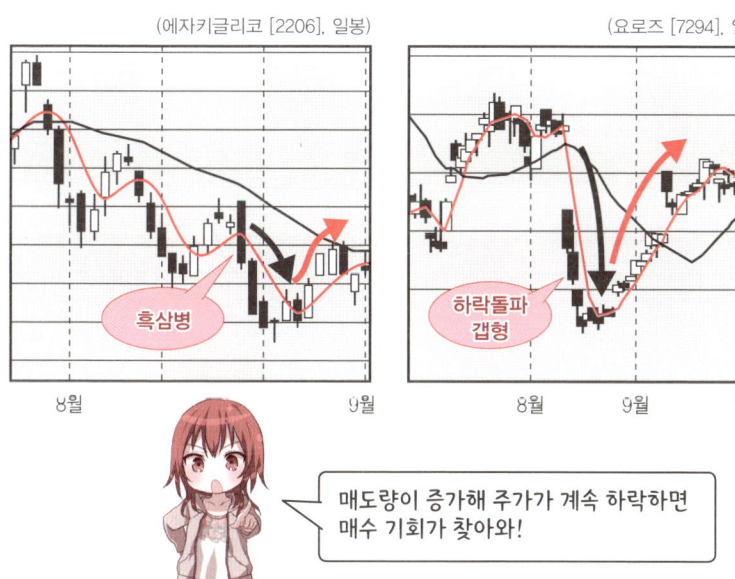

매도량이 증가해 주가가 계속 하락하면 매수 기회가 찾아와!

매수 신호②
'대바닥'의 신호를 놓치지 마라

● '상승반전형'과 '상승별형'

오랫동안 하락이 계속된 뒤 음봉이 출현하고 그다음 날 갭 하락으로 시작했다가 전일 종가 정도로 말아 올린 형태의 가격변동이 심한 양봉이 나타나는 것을 '상승반전형'이라고 한다. 상승반전형이 완성되었을 때는 위아래꼬리가 달린 음봉이나 음봉 망치형이 나타나며, 아래꼬리가 길수록 반등하는 힘이 강하다.

또 길게 하락 시세가 계속된 뒤 다음 날 갭 하락하여 출발했다가 곧바로 상승한 십자형(시가와 종가가 같은 가격)이 나오는 형태를 '상승별형'이라고 한다. 그다음 날 갭 상승한 양봉이 나오면 상승 신호라고 본다.

● '상승관통형'과 '상승장악형'

2개의 캔들을 조합하면 긴 아래꼬리가 달린 캔들이 되어 매수 신호를 나타내는 형태가 있다.

그중 하나인 '상승관통형'은 오랫동안 하락을 계속하다가 음봉이 나타나고 다음 날 전일 종가보다 낮은 가격에서 출발했지만 종가가 전일 음봉의 가운데보다 높은 장대음봉이 나타난 형태다.

또한 '상승장악형'도 2개의 캔들을 하나로 나타내면 긴 아래 꼬리가 달린 캔들이 된다. 전일의 음봉을 푹 감싸는 장대양봉이 나타난 형태다. 하나의 캔들로 표현하면 아래꼬리가 긴 역망치형 양봉이 되며 반등하는 힘이 강하다고 해석할 수 있다.

용어해설   ※ **갭 상승** : 주가가 단번에 상승해 지금까지의 주가 수준을 넘어서 상승하는 것이다.

바닥권에서 나타나는 '내바닥' 신호

상승반선형

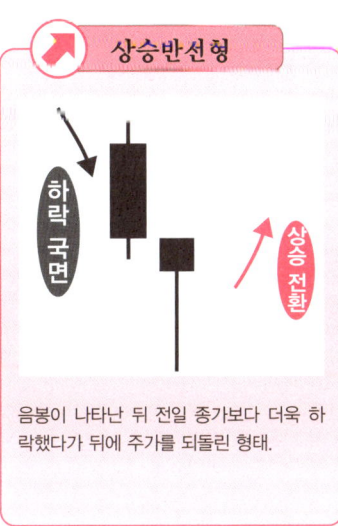

음봉이 나타난 뒤 전일 종가보다 더욱 하락했다가 뒤에 주가를 되돌린 형태.

상승별형

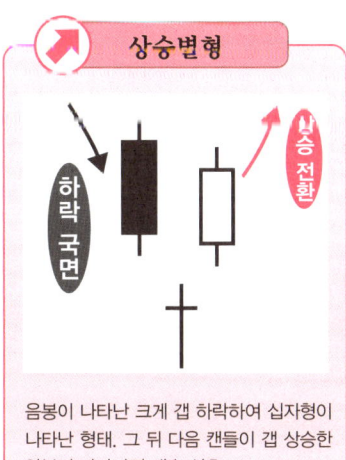

음봉이 나타난 크게 갭 하락하여 십자형이 나타난 형태. 그 뒤 다음 캔들이 갭 상승한 양봉이 나타나면 매수 신호.

상승관통형

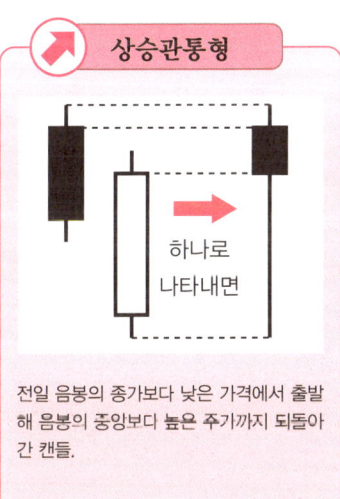

하나로 나타내면

전일 음봉의 종가보다 낮은 가격에서 출발해 음봉의 중앙보다 높은 주가까지 되돌아 간 캔들.

상승장악형

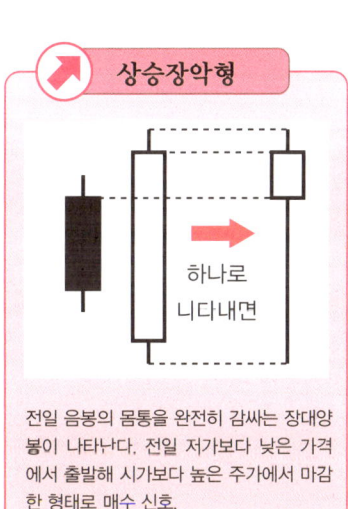

하나로 니타내면

전일 음봉의 몸통을 완전히 감싸는 장대양봉이 나타난다. 전일 저가보다 낮은 가격에서 출발해 시가보다 높은 주가에서 마감한 형태로 매수 신호.

매도 신호 ①
'과열된 매수세'에는 매도를!

◎ 빨리 오르면 빨리 하락한다

시세 상승 국면에서는 연속적으로 양봉이 나타난다. 하지만 '나무는 하늘까지 닿지 않는다'는 주식 격언이 있듯이 주가는 무한정 계속 오르지 않는다.

언젠가는 조정이나 하락 국면을 맞이하게 되는데 그 클라이막스에는 장대양봉이 연달아 나타날 수 있다. 이것을 '연속 장대 양봉'이라고 하는데 마지막에 일자선이나 십자선이 나타나면서 하락으로 반전된다. 이것은 과열된 장세의 종식을 알리는 신호다. 장대양봉이 계속 등장하면 '시세가 강하다'고 착각하고 성급히 매수하는 투자자가 증가하는데, 자칫 상투에서 사는 행동이 될 수도 있다.

주가 상승 속도가 빠르면 하락도 빨라지기 마련이다. 이때는 서둘러 매도해야 한다.

◎ 매도자의 기세가 매수자를 역전하는 신호

하락 국면의 마지막에 나타나는 '흑삼병'과 비슷한 패턴이 나온다. 이때의 흑삼병은 상승장이 지속된 후에 나타난다는 점에서 크게 다르다.

음봉이 출현한 뒤 전일 캔들의 몸통 안에서 출발했다가 전일 종가보다 낮은 가격에서 마감한 형태의 음봉이 3개 연속해서 나타난다.

이것은 매도자의 기세가 매수자를 역전했다는 신호로 읽힌다.

용어해설　※ **매수자** : 어떤 종목의 거래(주로 신용거래)에서 매수 주문을 넣은 투자자를 말한다.
　　　　　※ **매도자** : 어떤 종목의 거래(주로 신용거래)에서 매도 주문을 넣은 투자자를 말한다.

고가권에서 매수세가 약해졌다

연속 장대 양봉

상승세를 타며 점점 상승 속도가 빨라지고 마지막에는 장대양봉이 3~5개 연속해서 등장한다.

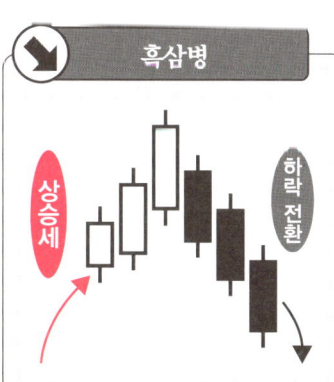

흑삼병

고가권에서 음봉이 세 개 연속으로 나타난 형태. 바닥권에서 나타나는 흑삼병과 다르게 해석해야 한다.

● 실제 차트에서 보면

(JBR [2453], 일봉)

연속 장대 양봉

12월

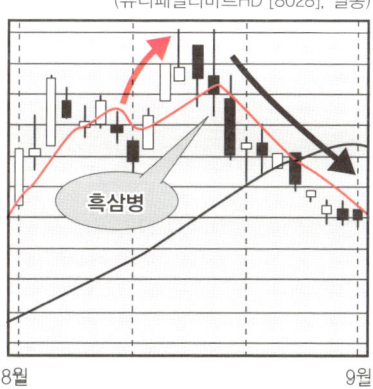

(유니패밀리마트HD [8028], 일봉)

흑삼병

8월　　　　　　　9월

> 주가가 상승한 뒤 장대양봉이 연속으로 나타나거나 상승할 시 장대양봉이 연속해서 나타나면 주가가 하락할 가능성이 있어!

매도 신호②
'천장' 신호를 놓치지 마라

◉ '석별도지형'(상승별형)과 '집게천장형'

주가가 계속 상승해 그 기세 좋게 뻗어나가다가 장중에 주가가 빠지면서 시가와 같은 가격으로 내려앉았고(십자형) 다음 날 음봉이 나타나는 형태를 '석별도지형' 또는 '상승별형'이라고 한다. 매수세가 쇠퇴하고 매도세가 붙기 시작했을 때 잘 나타나는 캔들이다.

또 상승장이 계속되어 장대양봉이 출현하고 다음 날 전일 캔들의 고가보다 아래에서 시작해 다소 상승했다가 더 이상 고점을 뚫지 못하고 끝난 형태를 '집게천장형'이라고 한다.

이 캔들도 매수세가 꺾였음을 나타내는 매도 신호다.

◉ '흑운형'과 '하락장악형'

2개의 캔들을 조합하면 긴 위꼬리가 나타나 매도 신호가 되는 형태가 있다.

그중 하나인 '흑운형'은 오랫동안 상승을 계속한 주가가 양봉을 낸 뒤 다음 날에도 기세 좋게 고가를 기록했지만 그 기세를 지속하지 못하고 전일 양봉의 몸통 안에 일부가 들어간 형태다.

마찬가지로 '하락장악형'도 하나로 묶으면 긴 위꼬리가 달린 캔들이 된다. 여기서 소개하는 하락장악형은 매수 신호(96쪽)에서 소개한 경우와는 반대의 패턴이며 양봉 다음에 그 양봉의 몸통 전체를 푹 감싸 버리는 장대음봉이 나타나는 경우다.

고가권에서 나타나는 '천장' 신호

석별도지형(상승별형)

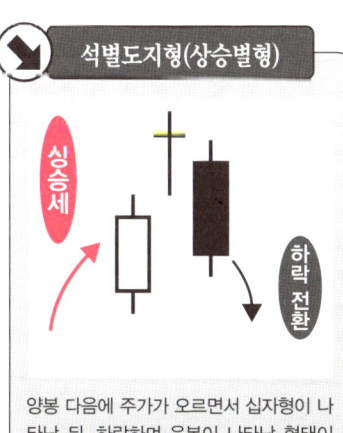

양봉 다음에 주가가 오르면서 십자형이 나타난 뒤, 하락하며 음봉이 나타난 형태이다.

집게천장형

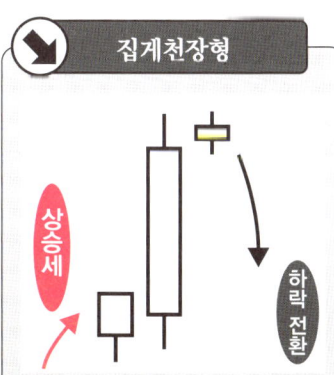

주가가 상승해 신고가를 낸 다음 날, 전일 고가보다 낮은 주가에서 시작해 상승하긴 했지만 고가를 갱신하지 못한 형태이다.

흑운형

전일 양봉의 종가보다 높게 출발했지만 전일 양봉의 범위 내의 주가에서 마감한 형태이다.

하락장악형

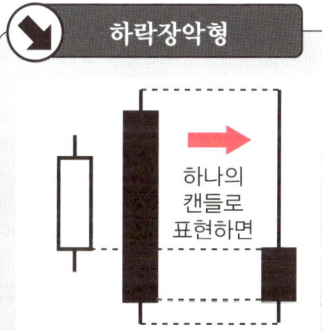

전일 양봉을 다음 날 장대음봉이 완전히 감싼 형태. 전일 종가보다 높게 출발했지만 하락하여 전일 시가보다 낮은 가격에서 종가를 기록했다.

Part 3
09 '일봉' '주봉' '월봉'을 사용하는 법

◎ 투자 스타일에 따라서 활용한다

캔들 차트에도 여러 종류가 있다.

대표적인 차트가 '일봉' '주봉' '월봉'이다.

하나의 캔들에 하루의 주가 움직임을 나타낸 캔들이 '일봉'이다. 마찬가지로 일주일간의 주가의 움직임을 나타낸 캔들을 '주봉'이다. 한 달간의 주가의 움직임을 나타낸 캔들을 '월봉'이라고 한다.

어떤 차트를 사용할지는 장기투자인지, 데이트레이딩이나 스윙트레이딩과 같은 단기투자인지에 따라 달라진다.

주식을 장기 보유하려면 월봉이나 주봉, 단기투자한다면 일봉 차트를 우선적으로 사용한다. 데이트레이딩보다 보유 기간이 짧은 스캘핑은 60분봉이나 10분봉 차트를 확인하기도 한다.

●Check!

▎여러 차트를 조합하자

앞에서 언급했듯이 차트는 장기와 단기로 구분하는데, **여러 차트를 조합하는 것도 중요하다.** 데이트레이딩의 경우 주로 일봉을 확인하지만 장기추세를 볼 때는 상승세인지 하락세인지 파악하기 위해 주봉 등을 보고 매매를 하면 더욱 좋다.

용어해설　※ **스윙트레이딩** : 며칠에서 몇 주간 주식을 보유하며 거래하는 투자 기법이다.

여러 가지 차트를 대조해보자

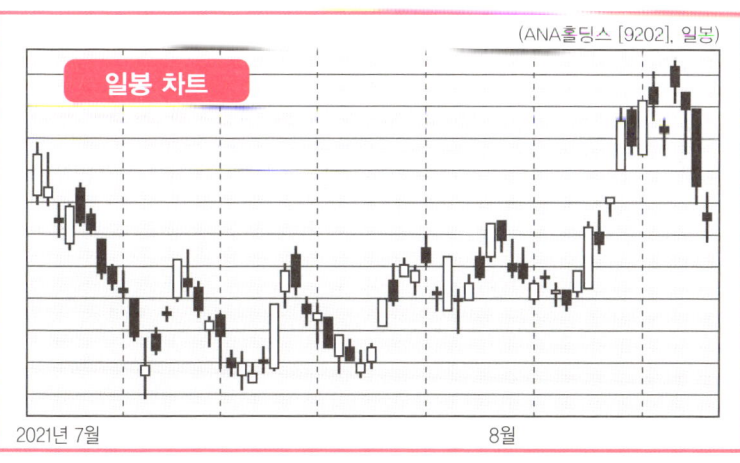

일봉 차트 (ANA홀딩스 [9202], 일봉)

월봉 차트 (ANA홀딩스 [9202], 월봉)

일봉을 보면 주가가 상승하는 것처럼 보이지만 월봉을 보면 아직도 바닥권이네……

매수! 상승! 하락했다! **추세 매매**

매도!

하지만 주식유 상승하기 시작할 때 사고 하락하기 시작하면

파는 '추세 매매'가 일반적이야

추세 매매

예측하기도 쉽고

참고로 안이한 역추세 매매를 경계하는 의미로

'떨어지는 칼날을 잡지 마라. 땅에 꽂힌 다음에 뽑아라'

'하락하는 주식에 손을 대는 것은 위험하니까

주가가 상승하기 시작할 때 사라'는 뜻이야

라는 조언도 있어

으악

안전!

아하!!

좋은 칼은 찔러야 제 맛이지!

이게 뭔 야

그게 무슨 뜻이야?

?

추세(트렌드)는 '주가의 큰 흐름'

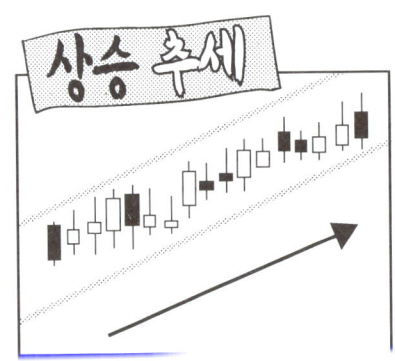

매수하려는 사람이 많아서 주가가 오른다

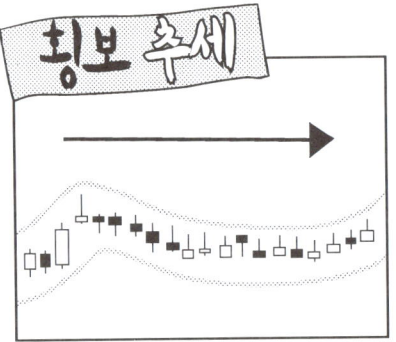

매수하려는 사람과 매도하려는 사람이 거의 같다

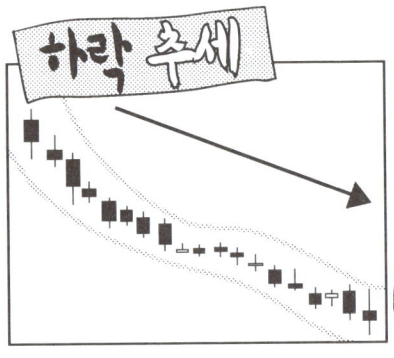

매도하려는 사람이 많아서 주가가 내려간다

'오를까?' '내려갈까?' 주가 추세를 확인하자

◐ 주가가 상승할 때도 하락 추세일 수 있다

주가는 시시각각 오르내린다. **매일 주가 변동만 쳐다보면 저도 모르게 고점에서 물리거나 저점에 매도하는 처지가 될 수도 있다.** 그 때문에 캔들만으로는 파악할 수 없는 주가의 큰 흐름(추세)을 파악해야 한다.

양봉이 계속 나타나 주가가 상승하고 있을 때도 큰 흐름에서 보면 하락 추세가 이어지고 있는 패턴이 있거나 반대로 음봉이 연속으로 나타나며 주가가 하락하고 있을 때도 큰 흐름에서는 상승 추세가 이어지는 패턴이 있기도 하다.

물론 주가 상승이 이어지면서 큰 추세도 상승 추세인 패턴이나 주가가 계속 하락하여 큰 추세도 하락 추세인 패턴도 있다.

◐ 추세선으로 판단하다

추세는 추세선을 통해서 판단한다. 특히 주가가 등락을 반복해 작은 저점과 고점을 형성하면서 이 고점을 이은 선을 저항선, 저점을 이은 선을 지지선이라고 한다.

주가가 각 선에 접근하면 주가가 반전될 가능성이 커진다. 추세를 확인할 때는 반드시 이 2개의 선의 어디쯤 있는지 의식하도록 하자.

용어해설
※ **추세선** : 주가의 방향을 나타내기 위해 차트에 그린 보조선
※ **저항선** : 주가가 어느 수준까지 오르다가 천장에 부딪히며 하락하는 선
※ **지지선** : 주가가 어느 수준까지 하락하면 저점에 닿아 상승세로 돌아서는 선

3가지 추세를 알아두자

● 추세의 종류

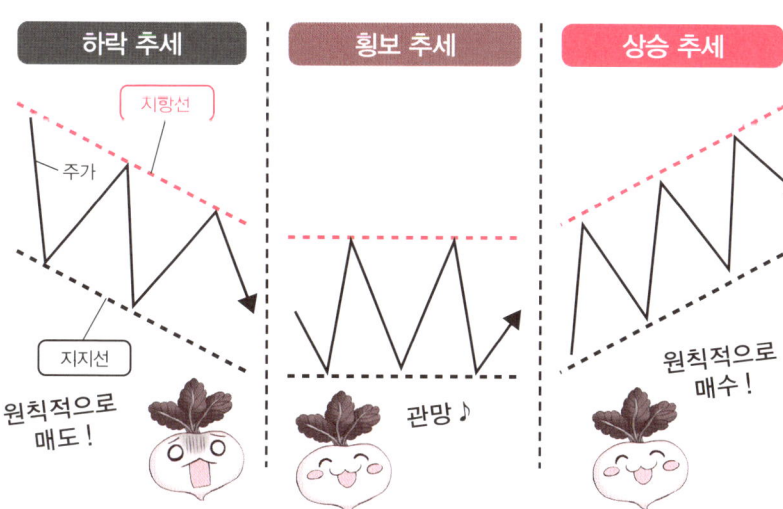

실제 차트로 확인하자!

(도요타자동차 [7203], 일봉)

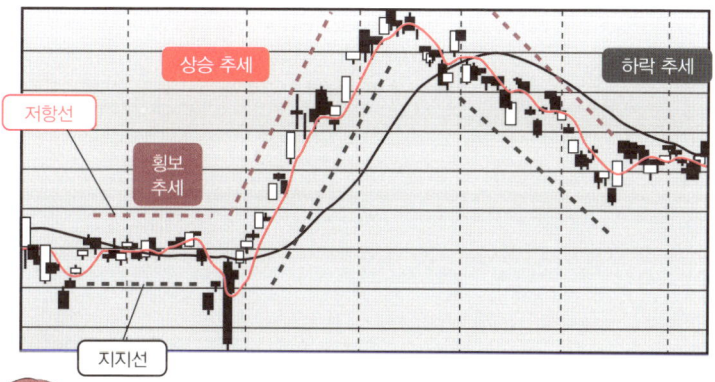

하락 추세여도 주가가 오르내리는 시점을 잘 봐두면 수익을 얻을 수 있어

11 추세가 변하는 시점

◉ 추세는 언젠가 끝난다

주가가 영원히 오르지 않듯이 추세도 언젠가는 바뀐다. 주가가 움직이는 방향이 밀물처럼 전환되는 현상을 '추세전환'이라고 한다.

추세전환은 주가가 추세선을 이탈했을 때 발생한다. 예를 들면 저항선을 아래에서 위로 뚫었을 때 주가는 하락 추세에서 상승 추세로 전환한다. 마찬가지로 상승 추세에서 하락 추세로 전환하는 것은 주가가 지지선을 깨고 내려갔을 때 일어난다.

상승 추세로 전환했을 때를 특히 '브레이크 업', 하락 추세로 전환했을 때를 '브레이크 다운'이라고 한다.

◉ 수익을 낼 절호의 기회!

추세전환을 잘 살펴보면 수익을 낼 큰 기회를 붙잡을 수 있다. 상승 추세로 전환했을 때의 시세는 상승 여지가 크기 때문에 큰 수익을 취할 수 있다.

반대로 하락 추세로 전환했는데도 '슬슬 반등하겠지' 하고 착각해서 주식을 사면 큰 손실을 입을 수도 있다.

추세전환 후에는 저항선이 지지선으로 바뀌고 지지선이 저항선으로 바뀌는 경향이 있다.

용어해설 ※ **상승 여지** : 어떤 종목의 주가가 적정하지 않고 아직 상승할 여지가 있다고 시장 참가자가 판단해 가격 상승을 예상할 수 있는 상태에 있는 것

'브레이크 업'과 '브레이크 다운'

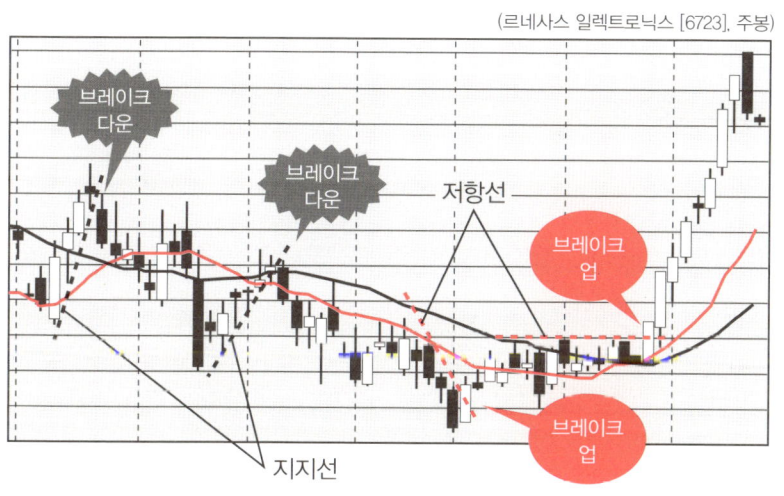

하락에서 상승으로 — 저항선 — 브레이크 업

상승에서 하락으로 — 주가 — 브레이크 다운 — 지지선

주가가 저항선을 돌파하면 매수 시점이고 지지선을 이탈하면 매도 시점이야!

● 실제 차트로 확인하자!

(르네사스 일렉트로닉스 [6723], 주봉)

브레이크 다운 / 브레이크 다운 / 저항선 / 브레이크 업 / 브레이크 업 / 지지선

※ 르네사스 일렉트로닉스(Renesas Electronics) – 일본 정부의 주도로 NEC, 히타치 제작소, 미쓰비시 전기 등 10개 기업이 공동 출자한 반도체 기업이다.

12 주가가 이탈할 징조?! '횡보'

❯ 주가 변동 폭이 좁아진다

　상승이건 하락이건 주가는 한 방향으로 움직이는 기간에 일정한 수준에서 왔다갔다하기도 한다. 주가가 위로도 아래로도 가지 않는 지지부진한 상황이다. 이러한 상황을 '보합 또는 횡보'라고 한다.

　예를 들면 주가가 상승 추세이면 '이제 팔아서 수익을 확정하자'는 투자자가 늘어난다. 그러면 상승세에 브레이크가 걸린다. 이때 약간이라도 주가가 떨어지면 '눌림목 매수 찬스'로 보고 매수하는 투자자가 등장한다.

　다시 말해 지지선 아래로 떨어지진 않지만 저항선 지점에서 매도를 기다리는 대기자도 많은 상태다. 이러한 상태가 계속되면 주가는 위로도 아래로도 가지 못하는 횡보세가 되면서 옆으로 가다가 종국에는 저항선과 지지선이 한 점으로 수렴한다.

❯ 어느 쪽으로 '이탈'하는가

　저항선과 지지선이 마침내 하나로 수렴하는 지점에서 주가는 상하로 '이탈'하게 된다.

　즉 저항선과 지지선에서 삼각형을 그리듯이 주가가 움직이고, 그 정점에서 주가가 이탈하는 것이다. 그 힘이 크기 때문에 주가는 심하게 변동한다.

　한 방향으로 움직이기 시작한 주가의 추세는 당분간 지속된다.

용어해설　※ **눌림목 매수** : 상승 과정에 있는 주가가 일시적으로 하락한 곳(눌림목 매수)에서 주식을 사들이는 것

주요 횡보 패턴

 상승삼각형

저항선은 수평을 그리고 지지선이 상승해
두 선이 수렴하는 형태

 하락삼각형

저항선은 하락하고 지지선은 그대로 수평이어서
두 선이 수렴하는 형태

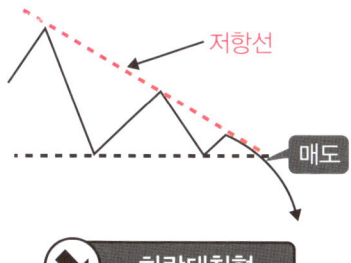

 **상승대칭형**

양봉이 나타난 뒤, 저항선이 하락하고 지지선이
상승해 두 선이 수렴한 형태

 **하락대칭형**

음봉이 나타난 뒤 저항선이 하락하고 지지선이
상승해 두 선이 수렴한 형태

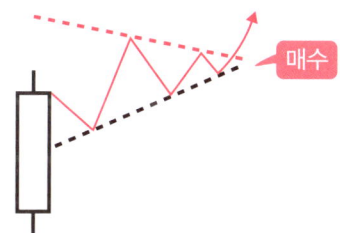

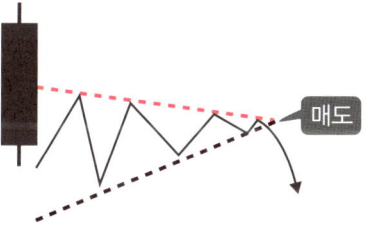

 상승쐐기형

저항선과 지지선이 둘 다 하락해 두 선이 수렴한
형태

하락쐐기형

저항선과 지지선이 둘 다 상승해 두 선이 수렴한
형태

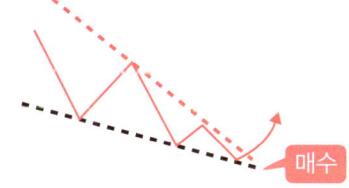

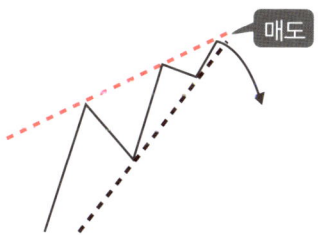

Part3 13

매수 신호③

바닥을 세 번 찍으면 매수하라!

● 대바닥을 알리는 신호

　주가의 움직임을 그린 차트의 모양에서도 '매수 신호'와 '매도 신호'를 구별할 수 있다. 여기서는 주요 패턴을 몇 가지 살펴보겠다.

　우선 강력한 상승세를 보여주는 '삼중바닥형'은 하락세가 오래 지속된 주가가 3차례 바닥으로 내려앉은 형태를 말한다. 처음에 붙은 바닥에서의 반등은 전고점까지 오르지 못한다.

　다시 하락했다가 두 번째는 저점을 갱신한 곳에서 반등하여 처음에 반등한 부근까지 올라갔지만 저항선을 뚫지 못하고 세 번째로 하락한다.

　그러나 이 하락은 두 번째 하락만큼 떨어지지 않고 반등한다. 두 번 반등해서 형성된 '넥라인(저항선)'을 뚫고 올라가면서 주가는 본격적으로 상승한다.

● 넥라인 돌파를 놓치지 마라

　첫 번째와 두 번째 반등으로 형성된 고점은 거의 같은 높이를 이룬다. 그 고점을 이은 선을 넥라인(목선)이라고 한다.

　세 번째 반등해서 넥라인을 돌파할 수 있다면 삼중바닥(역헤드 앤드 숄더라고도 한다)이 완성되며, 넥라인을 돌파한 지점이 매수 기회다. 삼중바닥형은 장기추세의 바닥권에서 나타나기 쉬우며 그 후 비교적 오랜 기간 상승 추세를 이어간다.

|용|어|해|설| ※ **넥라인** : 삼중천장형이면 저점을 이은 선, 삼중바닥형이면 고점을 이은 선을 가리킨다. 추세의 방향을 읽는 판단 재료가 된다.

바닥이 세 번 나타나는 삼중바닥형

● 삼중바닥형

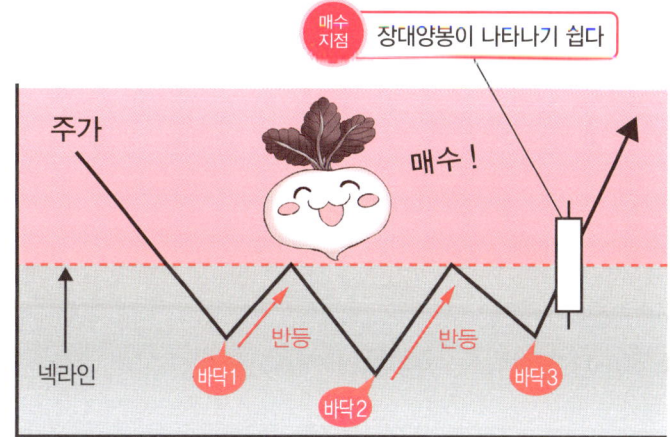

● 실제 차트로 확인하자!

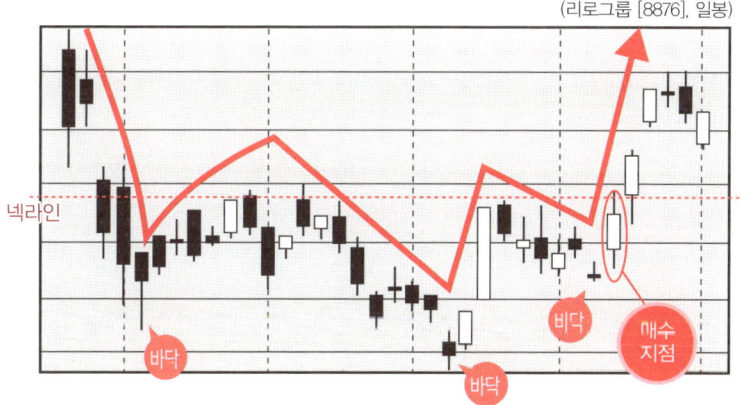

※ 리로그룹(Relo Group) – 주로 기업의 복지 아웃소싱 서비스를 제공하는 기업

Part3 14

매수 신호④
W자형(이중바닥)이 나타나면 매수하라!

❷ 바닥을 알리는 신호

바닥을 알리는 차트 패턴으로 '이중바닥'이 있다. 주가가 바닥을 두 번 찍어서 W자 모양을 형성하는 주가 움직임을 나타낸다. '삼중바닥'보다 바닥이 하나 적은 형태다.

하락세를 이어가던 주가가 바닥을 찍은 뒤 작게 반등한다. 그러나 반등 시 '이때다' 싶어서 투자자의 매도세가 나타나 주가는 하락한다. 1차 바닥 수준까지 떨어지며 이때 매도세가 멈춘다. 여기서 상승하기 쉽게 가벼워진 주가가 그때부터 상승 추세로 전환한다.

1차 바닥과 2차 바닥은 거의 같은 수준이나 후자가 약간 높은 위치를 보인다.

❷ 삼중바닥보다 구분하기 쉽다

첫 번째 저점에서 살짝 반등해 고점을 찍은 주가 수준이 넥라인이다. 두 번째 주가 반등으로 이 넥라인을 돌파하면 이중바닥이 형성된다.

매수 기회도 이 넥라인을 돌파했을 때다. 이때 장대양봉이 나타나는 경우가 많은 것은 매수 지점으로 생각한 투자자들의 매수 주문이 쇄도하기 때문이다.

W자형은 삼중바닥보다 나타나기 쉬우며 주식 초보자도 알아차리기 쉬운 패턴이다.

용어해설　※ **매수 지점과 매도 지점** : 주가가 바닥에 있으며 시장의 주식을 사는 편이 좋은 시기를 '매수 지점', 천장에 있어서 보유 주식을 파는 편이 나은 시기를 '매도 지점'이라고 한다.

바닥이 두 번 나타나는 이중바닥

● 이중바닥 패턴

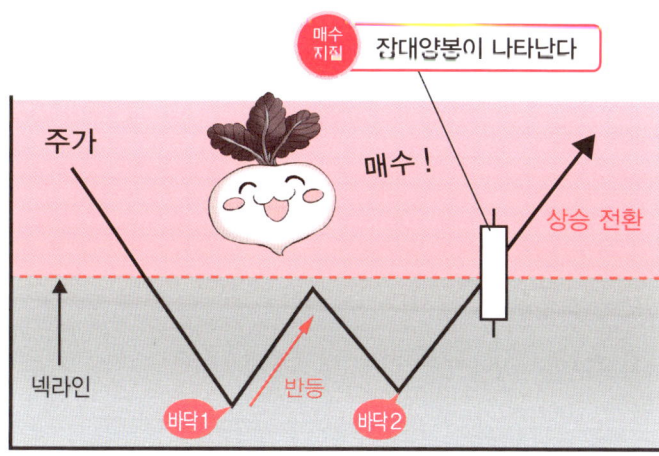

● 실제 차트를 보자!

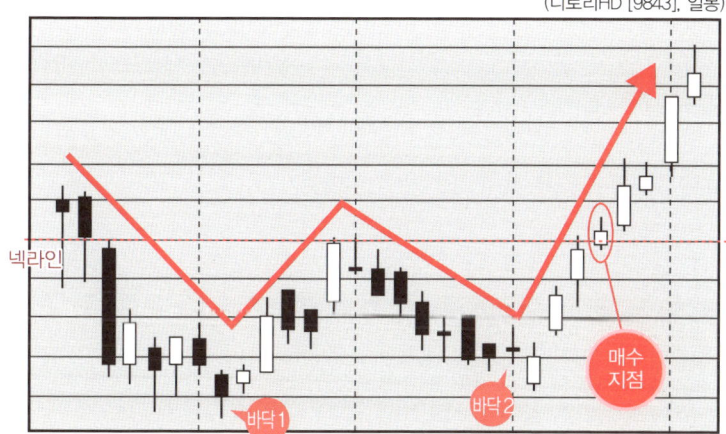

매도 신호③
천장을 세 번 찍으면 매도하라!

◈ 천장의 신호

　삼중바닥형을 뒤집은 모양을 삼중천장형이라고 하며 강력한 매도 신호로 해석한다.
　주가 차트가 3개의 봉우리를 형성하는데 그중 두 번째 봉우리가 가장 높다. 상승을 계속해 온 주가가 상승 경계감으로 약간 하락하자 '눌림목 매수 기회'로 해석한 투자자들의 매수세가 들어오고 다시 주가는 상승한다. 직전의 고가를 갱신할 때까지 상승하지만 다시 매도세에 밀려 하락한다. 최근의 저가 수준에서 매수 주문이 들어가지만 이번에는 매수세가 강하지 않기 때문에 직전 고점을 갱신하지 못하고 주가는 세 번째로 하락한다.
　두 골짜기를 묶은 라인이 넥라인인데, 그곳을 아래로 뚫고 내려가면 삼중천장형(헤드 앤드 숄더라고도 함)이 형성된다.

◈ '매도'가 '매도'를 불러일으킨다

　넥라인을 하향 돌파할 때 장대음봉이 나타나는 경우가 눈에 띄며 매도 지점으로 판단한 투자가들의 매도 주문이 쇄도한다.
　두 번째 천장을 고가에 갱신하지 못함으로써 '실망 매물'이 증가하고 그 기세가 가속화된다. **주가는 장기에 걸친 하락 추세로 전환하므로 서둘러 매도하지 않으면 손실이 점점 커진다.**

용어해설　※ **실망 매물** : 주가가 오를 것으로 생각하고 매수했지만 실적 등의 악화로 더 이상 상승하지 않을 것으로 보고 주식을 파는 것

봉우리 3개 나타나는 '삼중천장형'

● 삼중천장형

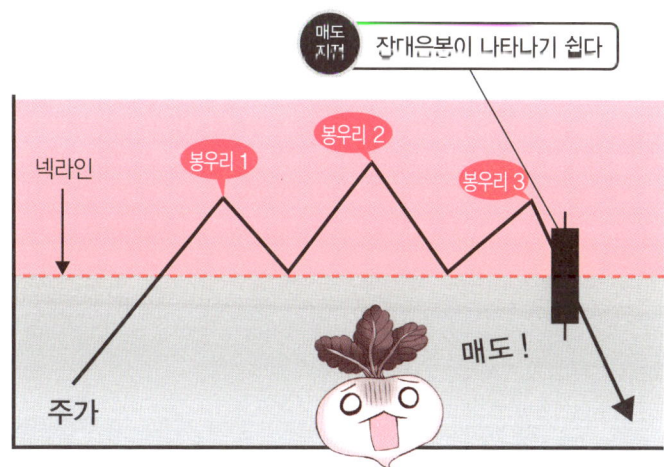

● 실제 차트로 확인하자!

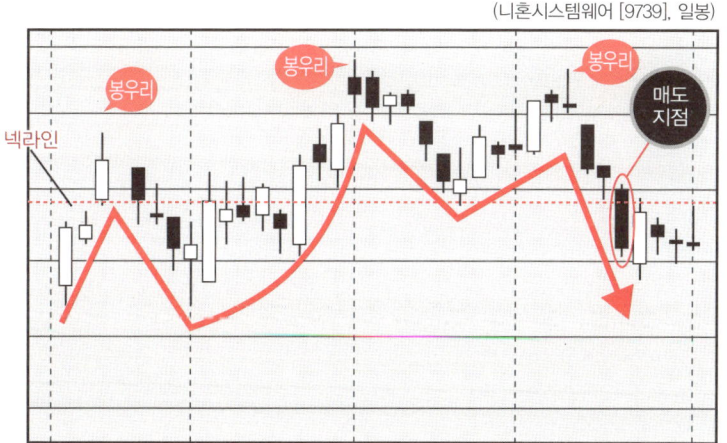

(니혼시스템웨어 [9739], 일봉)

Part 3 · 16

매도 신호 ④
M자형(이중천장형)이 나타나면 매도하라!

◆ 천장의 신호

이중바닥형을 뒤집은 형태를 '이중천장형'이라고 하며 하락의 징후로 해석한다.

오랫동안 주가가 계속 올랐다가 한 번 정점을 찍으면 이제는 팔아야겠다고 생각한 투자자가 수익 확정 매물을 내놓는다.

그러다 주가가 밀리면 이번에는 '눌림목 매수 기회'로 생각한 투자자들의 매수세가 들어간다. 다시 주가는 상승하지만 전고점까지 온 곳이 상승의 한계다. 매수세가 역전하여 하락세로 돌아선다.

<mark>첫 번째 고점에 물린 투자자들이 탈출 기회로 보고 일제히 매물을 쏟아내는 것이 이중바닥형의 원인이다.</mark> 그 결과 매수보다 매도가 많아져 하락세가 지속된다.

<mark>최근의 저점이 넥라인이 되고 이 주가 수준을 아래로 뚫고 내려가면 하락세에 브레이크가 걸리지 않게 된다.</mark>

○ Check!

하락하는 도중에는 사지 마라

넥라인을 뚫고 내려갈 때는 삼중천장형과 마찬가지로 장대음봉이 나타나기 쉽다. 매도 관점으로 판단한 투자가의 매도세가 몰려들기 때문이다.

저점에서 새로운 매수세가 유입되지 않고 매도가 매도세를 불러 하락의 속도가 점점 가팔라진다. <mark>보유 물량을 빨리 처분하고 싶어 하기 때문이다. 하락 도중에 매수 주문을 넣는 행동은 금물이다.</mark>

봉우리가 2개 나타나는 '이중천장형'

● 이중천장형 패턴

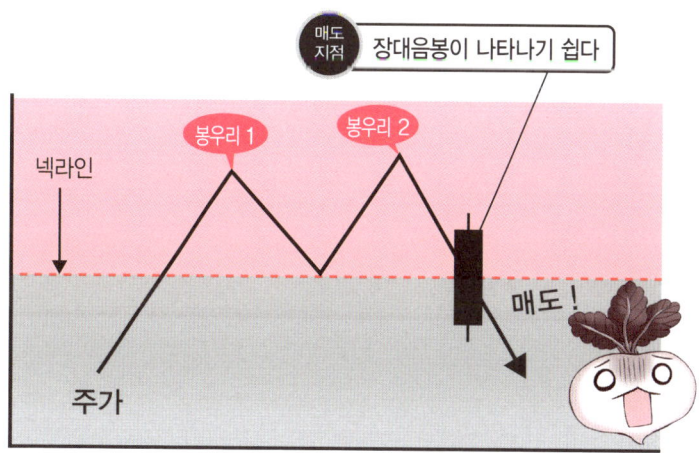

● 실제 차트로 확인해보자!

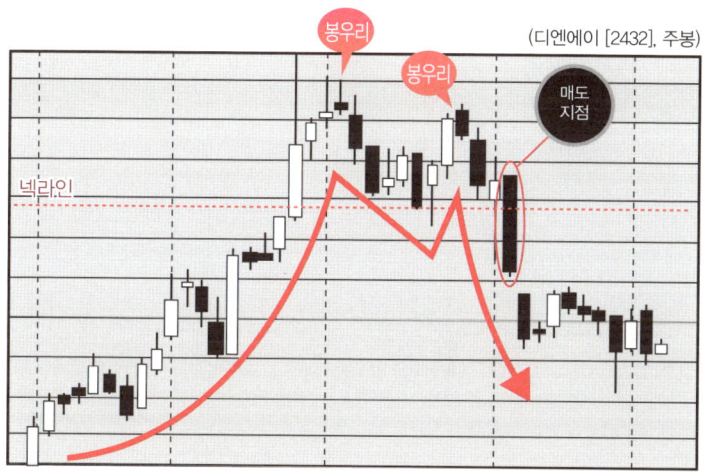

※ 디엔에이(EeNA) - 도쿄증권거래소에 상장된 IT기업

17 '이동평균선'이 뭘까?

◐ 대략적인 추세를 알 수 있다

주가 추세를 대략적으로 파악하기 편한 '이동평균선'이라는 지표도 있다. 과거 일정 기간의 주가 평균치를 선으로 이은 것으로 예를 들면 '5일 이동평균선'(이하 5일선)이라면 과거 5일간의 종가를 합계해 5로 나누어 이것을 매일 선으로 잇는다. 평균치를 보는 것으로 주가에 하루 비정상적인 움직임이 있었다고 해도 큰 흐름 속에서의 주가 변동을 볼 수 있다.

◐ 장기와 단기로 구분해서 사용한다

이동평균선에는 단기선(일봉이면 5일선), 중기선(일봉이면 25일선), 장기선(일봉이면 75일선) 등이 있으며, 단기 트레이드는 단기선, 장기 트레이드라면 장기선으로 차트와 마찬가지로 이동평균선도 구분해서 사용한다.

사용하는 이동평균선은 트레이드마다 다르지만 이동평균선이 상승하면 상승 추세, 하락하면 하락 추세로 판단할 수 있다. 다만 단기 매매라 하더라도 장기추세를 확인하는 것이 매우 중요하다. 만약 장단기 모두 같은 추세라면 그 흐름이 강하다고 볼 수 있기 때문이다.

단기선과 장기선 모두 상승 추세라면 거래를 적극적으로 할 수 있다. 단기선은 상승세인데 장기선은 하락세라면 신중하게 투자 여부를 생각하며 지켜보는 것이 좋다. [*한국의 경우 '이동평균선' 229쪽 참조]

이동평균선을 보는 법

● 장기이동평균선과 단기이동평균선

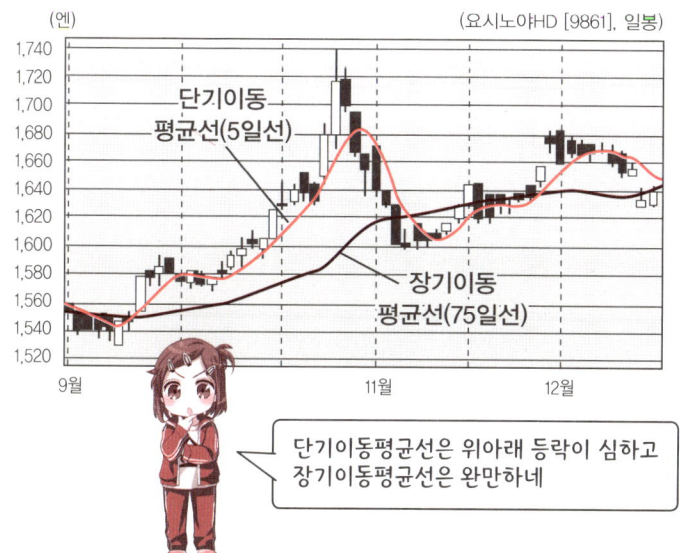

● 하루의 주가 변동을 알고 싶다면

하루의 주가 변동을 알고 싶을 때는 60분봉이나 10분봉과 같은 분봉으로 확인하자. 주가의 움직임이 그래프로 표시된다.

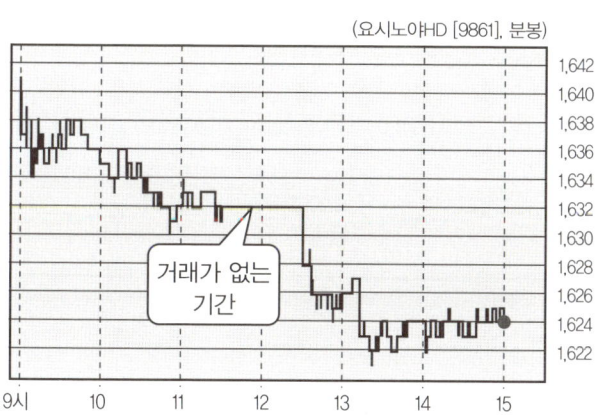

18 상승 신호! '골든크로스'

❯ 이동평균선을 조합한다

장기 또는 중단기 등 기간이 다른 두 가지 이동평균선을 조합하여 추세전환을 확인할 수도 있다.

주가가 하락 추세일 때는 대체로 장기이동평균선이 단기이동평균선 위에 위치한다. 이때 주가가 상승으로 전환하려고 하면 먼저 단기이평선이 상향하기 시작한다. 그리고 단기이평선이 장기이평선을 아래에서 위로 돌파하면 본격적으로 상승 추세로 전환했다는 뜻이다. 이 현상을 '골든크로스'라고 하며 상승 추세가 지속할 가능성이 크다.

이때 골든크로스가 나타났을 때는 이미 주가가 꽤 올랐을 경우가 많다는 것을 기억해두자. 그러므로 단기이평선이 고개를 들고 올라가고 골든크로스가 발생할 듯한 상황을 예측해서 투자하는 것이 중요하다.

❯ 하락을 예고하는 데드크로스

골든크로스와 반대 패턴을 '데드크로스'라고 하며 하락 추세로 전환함을 나타낸다.

상승 추세일 때는 일반적으로 단기이평선이 장기이평선 위에 위치하며 둘 다 우상향한다. 그러다가 상승에서 하락 추세로 전화할 때는 먼저 단기이평선이 아래를 향하기 시작하고 그대로 단기이평선이 장기이평선을 위에서 아래로 뚫고 이탈한다. 이것이 데드크로스다.

'골든크로스'와 '데드크로스'

골든크로스

단기이평선이 장기이평선을 아래에서 위로 돌파하면 당분간 상승 추세가 지속되는 경향이 있다.

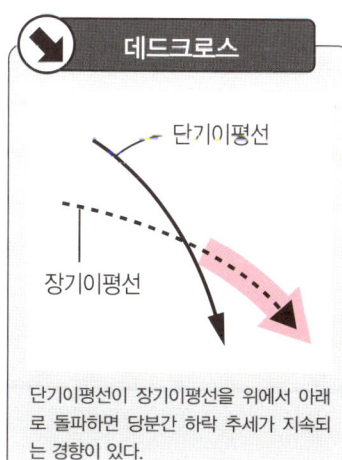

데드크로스

단기이평선이 장기이평선을 위에서 아래로 돌파하면 당분간 하락 추세가 지속되는 경향이 있다.

● 실제 차트로 확인하자!

(아코무 [6727], 월봉)

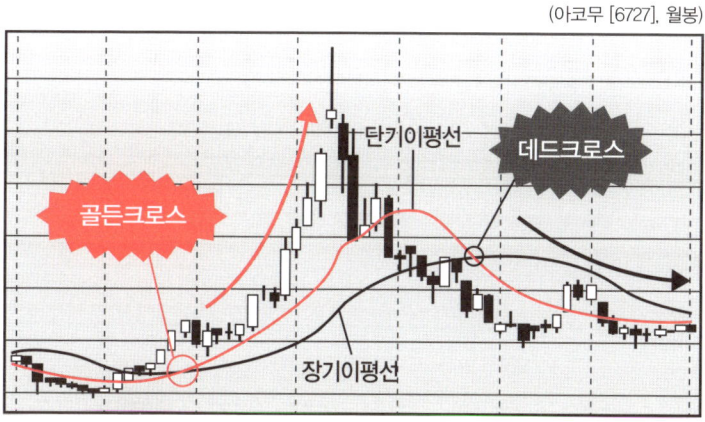

이동평균선이 교차한 뒤의 차트를 살펴보면 급상승하거나 하락하는 추세를 확인할 수 있어

19 주가와 이동평균선의 괴리에 주목하자!

◆ 급격한 움직임에는 반동이 일어난다

주가의 움직임이 격렬하고 일시적으로 너무 상승하면 그에 대한 반동으로 주가를 되돌리려는 움직임이 나타난다.

호재가 나와 주가가 급등해도 그 오름세를 지속하는 패턴은 매우 드물다. 주가가 상승하면 차익매물이 나와 하락하기 때문이다.

주가가 너무 내려도 같은 현상을 확인할 수 있다. 너무 급격하게 내렸을 때는 주가를 원래대로 되돌리려는 투자자의 기대감이 작용한다. <mark>이 습성을 미리 알아두면 폭은 작아도 확실하게 수익을 볼 수 있다.</mark>

이동평균선과 주가의 위치 관계로 주가의 과도한 상승이나 하락을 판단하기도 한다.

◆ 괴리가 크면 기회

완만하게 상승 곡선을 그리는 이동평균선에 비해 주가가 급격하게 상승하면 주가와 이동평균선의 괴리가 나타난다. <mark>이 괴리가 클수록 그 괴리를 메우려는 힘이 작용한다.</mark>

주가가 이동평균선보다 훨씬 위에 위치하면 평균선까지 하락하고 반대로 이동평균선에서 훨씬 아래쪽으로 하락하면 평균선에 근접할 확률이 크다.

<mark>주가가 이동평균선보다 훨씬 아래에 있으면 매수 시점, 위에 있으면 매도 시점으로 판단할 수 있다.</mark>

용어해설 ※ **차익매물** : 주가가 상승한 주식을 매도하는 매물이다. 또는 신용매도를 할 때 하락한 주식을 되사게 하여 수익을 확정하는 매물을 말한다.

과도한 상승과 하락은 수익을 낼 절호의 기회!

하방 괴리
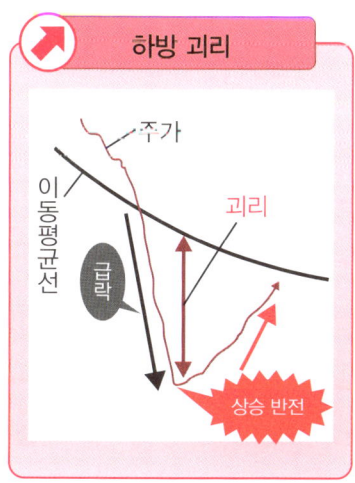

상방 괴리
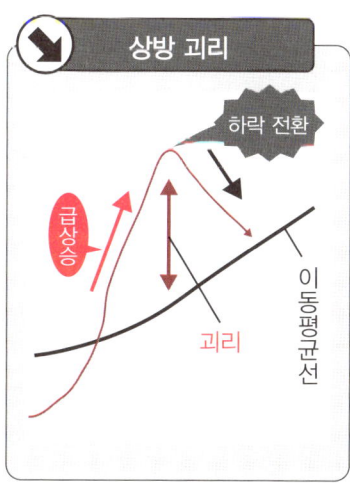

● 실제 차트로 확인하자!

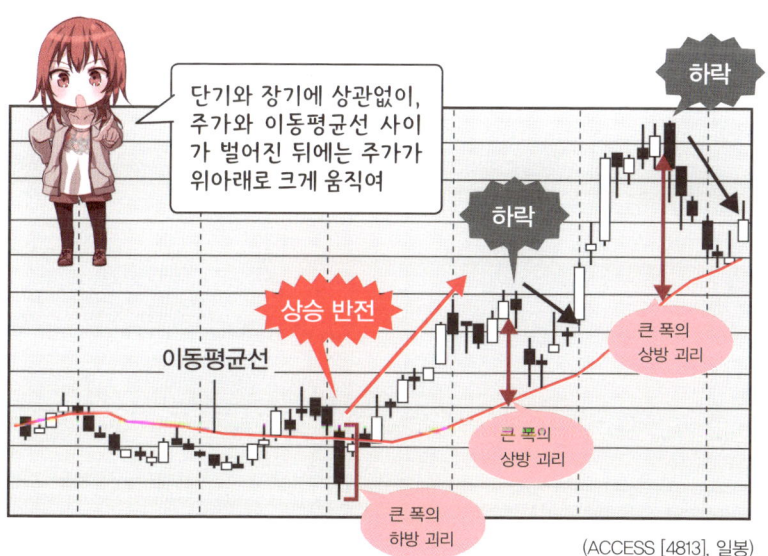

(ACCESS [4813], 일봉)

알아야 이길 수 있는 주식 기초 지식

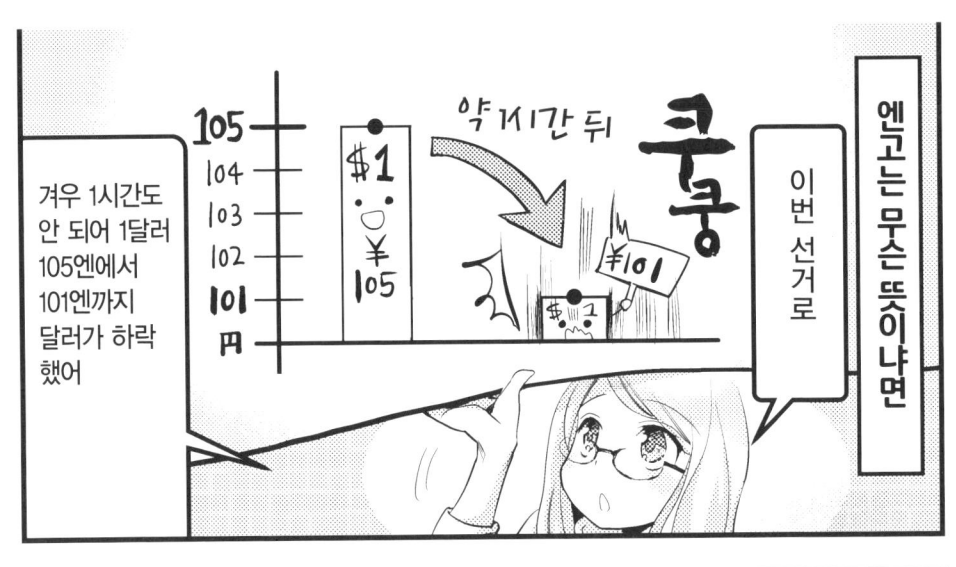

그렇구나~
너 열공해야 겠네

지금이 '엔저'인지 '엔고'인지만이라도

환율은 한참 주시 하고 있어 야 해

그래서 닛케이 평균은 환율의 영향을 잘 받는 거야

그런 역사가 있어서 닛케이 평균에 선정된 종목은 수출 기업이 많아

하아~

파이팅!

감사합니다

4년 뒤입니다

다음 대통령 선거에 서는 대박 내고 말 테다!

주식과 환율이 그런 관계가 있었구나… 앞으로는 꼭 챙 겨봐야지

139

사회 변화에 관심을 갖자

▶ 사라지는 사업, 사라지는 기업이 있다

주가의 움직임은 '변화'에 크게 반응한다.

예상보다 더 좋은 실적을 전망한다면 주가는 상승하고, 실적이 나쁜 쪽으로 기울면 주가는 하락한다.

또 **실적은 사회 변화에도 크게 좌우된다.** 예를 들어 최근 몇 년 사이에 수많은 아이템이 아날로그에서 디지털로 변화했다. 음악은 레코드판에서 CD로 변했고 지금은 인터넷으로도 전송된다. 이로 인해 음반이나 레코드 바늘을 만드는 사업은 사회 변화와 함께 도태되었다.

▶ '우리 주변의 뉴스'에 민감하게 반응하자!

후지필름이라는 우량 기업이 있다. 원래 사진 필름을 제조 판매했는데 사회 변화에 대응하기 위해 지금은 액정필름이나 의료기기 등의 사업으로 전환하고 있다. 만약 사진 필름 사업을 주축으로 삼으며 고집을 부렸다면 지금처럼 좋은 실적을 유지할 수 없었을 것이다.

이렇게 사회 변화는 기업의 실적과 업태에 큰 영향을 주므로 주식거래를 할 때는 그 부분을 놓치지 않아야 한다.

그 변화는 텔레비전이나 인터넷 뉴스에서 얻을 수도 있고 **내 주변에서 보고 듣는 화제와 직접 실감하는 것으로부터도 포착할 수 있다.**

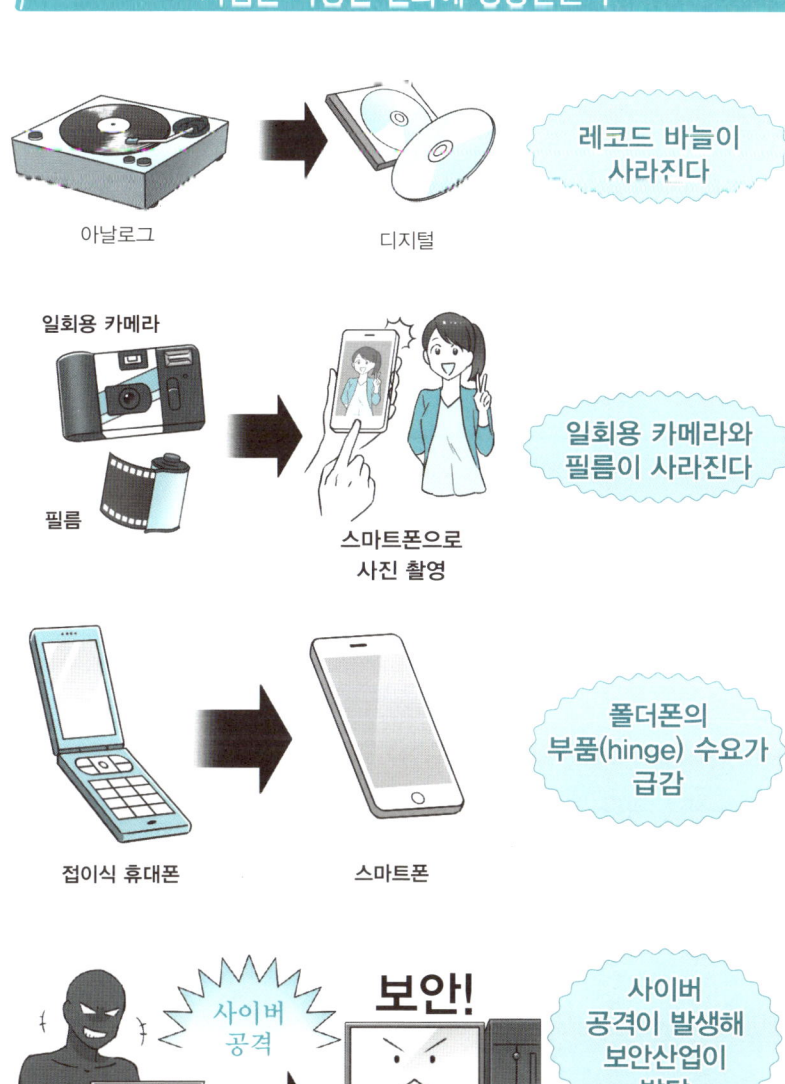

02 편의점에도 '돈을 벌 수 있는' 정보가 굴러다닌다

◎ 미시적 관점과 거시적 관점

사회 변화는 미시적 관점과 거시적 관점에서 파악해야 한다. 전자는 기업 실적에 영향을 미치는 작은 변화, 후자는 기업 자체의 형태에도 영향을 미칠 수 있는 사회 변화를 말한다.

예를 들어 편의점에서 잘 팔리는 상품은 무엇인지, 세상에 어떤 영화가 히트하고 있는지 등의 정보는 미시적 관점이다. 반면 거시적 관점은 앞서 소개한 '아날로그로부터 디지털에의 이행'과 같은 큰 변화를 가리킨다.

◎ 세상이 어떻게 될지 상상하자

IoT(사물인터넷)와 인공지능이 발전하고 있는 현대 사회에서 관련 종목은 이미 상승하고 있다. 그 밖에도 환경 문제에 대한 의식이 높아지면서 연료 전지 개발 등이 한창인 자동차 업계에서는 이차전지 관련 기업이 주목받고 있다. **어떤 주식을 살까 고민될 때는 세상이 돌아가는 모습을 생각해보자.**

○ Check!

지금 주목해야 할 세상 동향

신흥국의 대두로 인해 전 세계에서 환경 문제에 관한 대책을 모색하는 기조가 강해지고 있다. 고도 경제성장 시대에 공해 대책의 선구자가 된 일본의 기술력은 세계적으로 주목받고 있다. 또 **도쿄 올림픽, 탈원전 등의 동향도 간과할 수 없다.**

용어해설 ※ **IoT** : Internet of Things(사물인터넷)의 약자. IT 관련 기기 외에도 인터넷을 접속해서 물리적으로 떨어진 곳에서도 물건의 상태 등을 알 수 있게 된다.

'미시적 관점'과 '거시적 관점'

● '미시적 관점'의 예

중국 우한에서 발생한 코로나-19가 전 세계를 뒤덮으면서 거즈 등 의료용품을 취급하는 가와모토산업의 주가가 급등해다. 실적에 결정적인 영향을 미칠 정도는 아니지만 마스크도 다루는 기업이므로 코로나 관련주로서 수혜를 입었다.

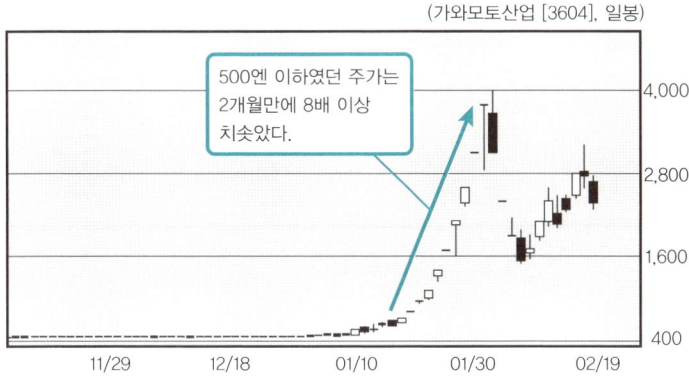

(가와모토산업 [3604], 일봉)

500엔 이하였던 주가는 2개월만에 8배 이상 치솟았다.

● 거시적 관점의 예

거시적 관점의 대표적인 예가 환율이다. 이 차트를 보면 환율이 엔 약세로 전환되었기 때문에 닛케이 평균 주가가 하루에 300엔 이상 상승했음을 알 수 있다.

(닛케이 평균 주가 [998407], 분봉)

엔 약세의 영향으로 닛케이 평균 주가가 전일 종가에서 300엔 이상 오른 시가로 출발했어

세계 동향은 주가에 어떤 영향을 미칠까?

◎ 뉴욕시장과 연동

주식시장도 바야흐로 글로벌리즘의 시대다. 각국이 경제적 유대를 강화하고 있으므로 주가도 해외시장의 영향을 피할 수 없다.

특히 미국 뉴욕시장의 주식 동향(NY다우)은 일본의 주식시장에 많은 영향을 준다. 뉴욕시장이 열려 있는 것은 일본 시장이 닫혀 있는 야간이다. 그 때문에 뉴욕시장의 거래가 끝난 뒤 열리는 도쿄 시장은 뉴욕시장의 동향에 좌우되는 경향이 있다.

특히 해외와의 관계가 강한 수출 관련 기업(하이테크 산업이나 자동차 관련 업체)은 미국과의 유대가 강해 뉴욕시장과 연동해 움직인다.

◎ 세계 정치도 간과할 수 없다

외국의 정세도 일본의 주식시장에 큰 영향을 준다.

예를 들어 2021년 9월 닛케이 평균은 5년 만에 최고가를 기록한 뒤 하락세를 이어가다가 특히 9월 27일부터 10월 6일까지 8거래일 연속 하락을 기록했다.

이는 미국의 금리 인상 우려와 채무문제 그리고 중국 부동산개발 대기업 헝다(恒大, 에버그란데)그룹의 부실 우려가 부각된 데 따른 것이다.

이처럼 정치나 중앙은행의 정책과 주가는 관련성이 높다.

용어해설　※ **글로벌리즘** : 세계를 하나의 공동체로 보는 사고방식. 자유무역을 추진하고 다국적기업이 국경을 초월하여 경제활동을 하는 것을 전제로 한다.

세계 동향을 확인하자!

● 닛케이 평균 주가와 뉴욕다우 주가의 변화

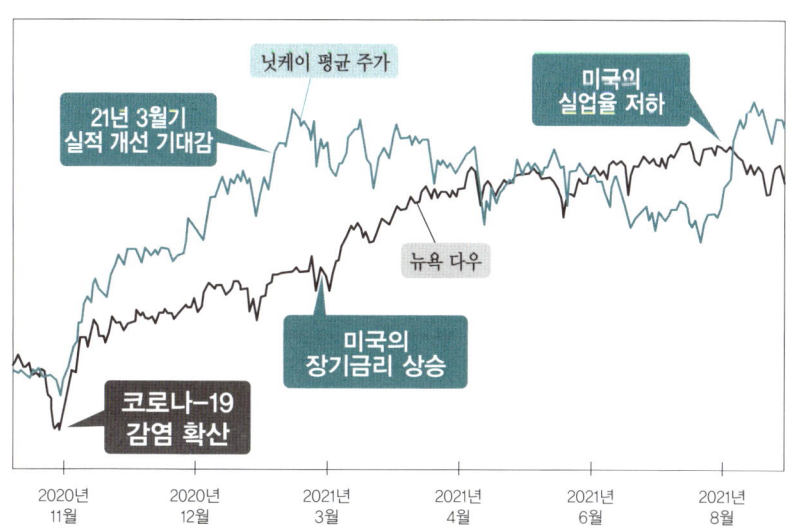

뉴욕시장은 일본 시간으로 23시 반부터 다음 날 6시까지 거래되고 있어. 그래서 일본 주식시장은 뉴욕시장의 영향을 받기 쉬워.

● 주가에 영향을 미친 세계의 이벤트

2021년	중국 헝다그룹의 경영위기 발각
2020년	코로나-19 유행
2017년	미국 트럼프 대통령 당선
2016년	영국의 EU 탈퇴
2015년	일본 엔화 12년 만의 최저치, 1달러 = 124엔대
2014년	러시아의 크림 합병
2013년	시리아 정세 악화
2012년	스페인, 유로존에 금융지원 요청

경제지표로 미래를 점쳐라!

◆ 앞으로의 경기 동향을 예측한다

경기가 좋아지면 기업 실적이 오르고 아울러 주가도 상승한다. 따라서 주식투자를 하기 전에는 경기 동향도 민감하게 살펴야 한다.

여기서 주의할 점은 앞서 말한 대로 주식시장에 선(先)반영된다는 점이다. **반년 후 또는 1년 후의 경기가 어떻게 되어 있을까를 확실히 판별해야 한다.**

경기 동향을 리서치하려면 각 경제지표를 참고하면 된다. 공공기관이 발표하는 경제지표만 해도 '주요 기업 단기 경제 관측 조사(일본은행 단기 경제 관측 조사)', '경기 동향 지수', 'GDP', '광공업 지수' 등 다양하다.

◆ 예상 수치와 발표 수치를 비교한다

각 경제지표를 해석하는 구체적인 방법은 다음 항 이후에 소개하겠다. **이때 중요한 것은 시장 예측이 어땠는가 하는 점이다.**

예를 들어 발표된 경제지표 수치가 경기 동향을 플러스로 보고 있었는데 주가가 하락할 수 있다. 이는 시장이 '더 좋은 수치'를 예측했지만 실제 발표된 수치가 그보다 하회했기 때문에 시장의 실망감이 확산된 것이 원인이다.

증권사 등은 미리 중요 지표의 예측 수치를 발표하므로 잊지 말고 확인하자.

알아둬야 할 주가의 움직임

- 경기와 주가의 움직임은 시간 차가 있다

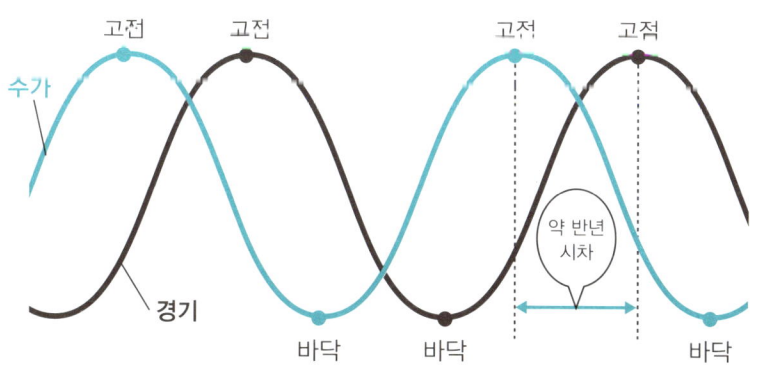

주가의 고점은 경기 고점의 반년 전에 나타나는구나

- 호재가 발표되면 주가가 하락한다

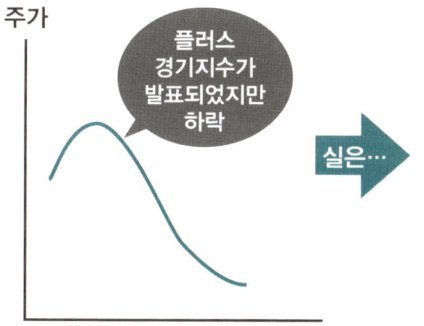

발표된 경기지수는 플러스였지만 예상보다 나쁜 수치였으므로 주가는 하락했다.

확인해야 하는 경제지표①
일은(日銀)단관/경기동향지수/GDP/광공업지수

◆ 경기의 좋고 나쁨을 판단하는 지표

① '주요(전국) 기업 단기 경제 관측 조사'(일본은행 단기 경제 관측 조사)

일본은행이 4분기에 한 번 발표하는 지표로 일본은행이 직접 기업 경영자에게 묻는 조사다. 매출액, 고용자수, 생산, 재고조정 등을 조사한다. 신뢰도가 높아서 주식에 미치는 영향도 크다.

② '경기동향지수'

일본 내각부가 매월 발표하는 경기에 관한 지표다. 산업이나 노동, 금융 등의 경제활동에 대해 지수 동향을 바탕으로 산출한다. 경기 현상 분석과 장래 예측에 이용된다.

◆ 생산 활동의 강도를 알 수 있는 지표

① 'GDP(국내 총생산)'

새롭게 생산된 상품이나 서비스 등의 부가가치의 총액을 수치화한 것이다. 내각부가 1년 수치와 분기별 속보치를 발표한다. 수치가 클수록 경제가 활황이고 성장률이 곧 경제성장률이 된다.

② '광공업지수'

경제산업성이 매달 발표하는 경제지수다. 약 500개의 광공업 제품에 대해 약 1개월간의 생산량을 정리한다. 제조 수가 늘어나면 지수는 높아지고 경기가 좋아진 것을 의미한다. GDP보다 속보성이 있으므로 중요시되어 주가에 강한 영향을 준다. [*한국의 경우 '경제지표' 검색 229쪽 참조]

경기 동향을 예측하는 지표 ①

일은단관

발표기관 : 일본은행

발표시기 : 4, 7, 10, 1월

> 경제지표 중에서도 가장 신뢰가 있으며 일본 주식시장에 큰 영향을 준다

경기동향지수

발표기관 : 내각부

발표시기 : 매월 상순

생산재의 재고나 구인 수, 기계 수주, 신설 주택 착공 등 폭넓은 경제활동에서의 지수가 반영되고 있다.

GDP(국내총생산)

발표기관 : 내각부

발표시기 : 분기별

복수의 경제 예측 기관으로부터 발표된다. 그러므로 실제로 발표된 수치와의 괴리에 주목하자

광공업지수

발표기관 : 경제산업성

발표시기 : 매월 중순

자동차, PC 등의 제조 건수가 증가하면 지수가 상승한다. 광공업이 국내 총생산에서 차지하는 비중이 높다는 점을 기억하자

PART 4 알아야 이길 수 있는 주식 기초 지식

확인해야 하는 경제지표②
소비자 물가지수/경기 관측 조사/완전 실업률/유효구인배율

▶ 디플레이션이 얼마나 지속할지 나타내는 지표

① '소비자 물가지수'

총무성이 발표하는 지표로 국민의 생활수준을 수치화한 것이다. 소매 물가 통계 조사의 소매가격의 평균으로부터 작성한 개별의 지수와 가계 조사를 합해 전체의 지수를 산출한다.

② '경기 관측 조사'

내각부가 매달 실시하는 경기 동향 조사다. 택시 운전사 등 경기에 민감한 직종의 사람에게 3개월 전과 비교한 경기 상황과 2~3개월 후의 경기 전망을 5단계로 평가하게 한다. 그 데이터를 분석하여 지수화한 것으로 속보성이 강하고 경기 동향을 재빨리 파악할 수 있는 지표다.

▶ 일자리 수가 얼마나 되는지 알 수 있는 지표

① '완전 실업률'

총무성이 가구를 표본 조사해 발표하는 것으로 노동력 인구 중 완전 실업자가 얼마나 있는지를 나타낸다. 이 수치가 상승하면 경기가 나쁘다고 해석한다. 소득이 감소해 소비에도 악영향을 미치기 때문이다.

② '유효구인배율'

후생노동성이 발표하는 지표로 일자리를 찾고 있는 사람 1인당 몇 건의 구인이 있는지 나타낸다. 구인 배율이 1.0보다 높으면 경기 호조라고 해석한다.

용어해설　※ **노동력 인구** : 15세 이상으로 일할 능력과 의지를 가진 인간의 수. 취업자(휴업자 포함)와 실업자를 합계해서 도출한다.

경기 동향을 예측하는 지표②

소비자 물가지수

발표기관 : 총무성

발표시기 : 매월 하순

연금 지급액에도 영향을 미친다. 그리고 일본은행이 금리 정책 변경을 결정할 때도 참고한다.

경기 관측 조사

발표기관 : 내각부

발표시기 : 매월 상순

전국 11개 지역에서 조사한다. 지수가 50보다 높으면 호경기, 50보다 낮으면 불경기로 판단된다.

완전 실업률

발표기관 : 총무성

발표시기 : 매월 말일

완전 실업자는 '일을 할 의사가 있지만 일자리가 없는 사람'이란 뜻이야

유효구인배율

발표기관 : 후생노동성

발표시기 : 매월말일

유효 구인 배율이 높으면 회사에 많은 근로자가 필요하다는 의미이므로 호경기라고 해석한다.

미국의 경제지표는 어떤 영향을 미칠까?

◉ 환율에 영향을 미친다!

세계에서 큰 존재감을 보이는 미국 경제다. 144쪽에서 설명한 대로 뉴욕시장의 동향은 일본 주식시장뿐 아니라 세계 경제에도 지대한 영향을 미친다.

따라서 미국의 경제지표도 주목해야 한다. 특히 **미국의 경제지표가 발표될 때마다 환율이 크게 움직일 수 있다.**

자동차 관련 종목이나 첨단기술 산업 등 환율 변동에 좌우되는 수출기업에 투자하려면 결코 간과할 수 없는 부분이다.

국내 경제지표와 마찬가지로 미리 시장은 어떻게 예상하는지 알아두자. 증권사나 경제 예측 기관에서 확인할 수 있다.

◉ '고용'에 경제 상황이 나타난다

미국의 경제지표 중에서는 '비농업부문고용자수(Nonfarm Payrolls)'와 'ISM 제조업지수'를 특히 눈여겨봐야 한다.

고용이 보장되는 편인 일본과는 달리 **미국에서는 비농업부문고용자수 등 고용에 관한 통계가 중시된다.** 일본 중앙은행도 정책 결정에 참고할 정도다.

또 **FOMC에 의한 FF금리나 경기 상황 판단 등의 금융정책도 주식시장이나 외환시장에 막대한 영향을 준다.**

용어해설　※ **FF금리** : 연방 기금 금리. 민간 은행끼리 자금을 대차할 때의 이율을 말하며 미국의 대표적인 단기 금리다.
　　　　　※ **FRB** : 미국의 중앙은행을 말한다. 통화 발권과 타 은행에 자금 수급 등을 조정한다.

미국의 이것만은 알아두자!

● 미국의 중요한 경제지표

지표	발표시기	내용
비농업부문 고용지수 (NFP)	매월 첫 번째 금요일	농업 부문 외의 노동자의 증감을 나타낸다. 고용동계 가운데 실업률과 함께 주목받는 지표. 속보성이 높아 발표 후 시장이 크게 움직이기도 한다.
ISM 제조업 지수	매월 첫 번째 월요일	제조업체를 대상으로 한 실물 경제의 선행지수. 50이 경기 동향의 좋고 나쁨을 가늠하는 분기점이 된다.

● 미국의 금융정책을 결정하는 FOMC

FOMC는 미국에서의 금융정책 최고의사결정기관이다. 금융정책 중 하나인 공개시장조작 정책을 결정 및 발표한다.

정식명칭	연방 공개 시장 위원회 (Federal Open Market Committee)	
금융정책	FF 금리(연방기금금리, fed funds rate) 경기 현황 판단 등	
구성원	12명	FRB 이사(7명)
		뉴욕 연방준비은행 총재
		지구 연방준비은행 총재(4명)
개최일	6주마다 화요일(연 8회)	

미국 금리가 오르면 미국 주식과 동조해서 일본 주식도 떨어질 수 있으니 주의하자.

Part 4
08 '엔고'일 때는 누가 손해를 볼까?

◐ 기업의 실적을 좌우한다

서로 다른 두 나라 사이의 통화 교환 비율을 환율이라고 하며 환율은 주가에 큰 영향을 준다. 일본에서는 엔화와 외국 통화, 특히 세계 기축통화인 미국 달러와의 교환환율에 관심이 집중된다.

흔히 뉴스에서 '엔고'니 '엔저'니 하는 표현을 쓰는데, '미화 1달러=115엔'에서 '미화 1달러=110엔'이 되면 엔화 가치가 상승했다(엔고)고 생각하면 된다. 엔화 수치는 떨어졌지만 실제로는 미국 달러화의 가치가 떨어졌다고 생각하기 때문이다.

엔고는 전기나 자동차와 같은 수출 비율이 높은 기업에 있어서 부정적인 재료다. 달러 기준으로 1억 달러어치 수출을 하는 기업이 있다고 하면, 1엔 엔화가 상승할 경우 1억 엔의 매출이 하락하는 결과가 난다. 게다가 엔고가 진행되면 수출처에서 상품 가격을 인상해야 하므로 물건이 팔리지 않게 되는 악순환에 빠진다.

반면 원자재를 수입하는 기업에는 긍정적인 재료로 작용한다.

◦ Check!

외국인 투자가에 대한 환율의 영향

일본 주식을 보유한 외국인 투자자는 엔고가 되면 달러로 수령하는 방식이 증가하고 엔화 약세가 되면 적어진다.

그 때문에 외국인 투자자는 현재의 환차익이나 환차손을 의식해 환율이 한 방향으로 움직일 때는 수익을 확정하려는 매매가 활발해진다.

엔고·엔저가 기업의 실적을 좌우한다

1달러 110엔에서 100엔으로 엔화 강세가 되었을 때

● 수출산업에 미치는 영향

미국

10만 엔 손실…

미국에서 1만 달러로 판매

- 1달러가 110엔이면 → 엔 환산으로 110만 엔 매출
- 1달러가 100엔이면 → 엔 환산으로 100만 엔 매출

→ 수출 산업은 매출 감소

● 수입산업에 미치는 영향

일본

10만 엔 이득…

원유를 1만 달러에 수입

- 1달러가 110엔이면 → 엔 환산으로 110만 엔 지급
- 1달러가 100엔이면 → 엔 환산으로 100만 엔 지급

→ 수입 산업은 비용 절감

주식투자는 연상 게임!

◎ 사회 변화는 확산된다

'바람이 불면 나무통 장수가 돈을 번다'는 일본 속담이 있다. 어떤 일이 생김으로써 전혀 관계가 없어 보이는 다른 장소와 사물에 영향을 미치는 것을 비유한 말이다.

이것은 주식투자에도 해당된다.

한 기업에 급격한 실적 악화가 일어나면 그 기업의 주식뿐만 아니라 같은 업계인 타사의 주식까지 악영향을 미치는 경우가 있다(204쪽 참조). 그럴 때는 하나의 '현상'이 사회에 어떤 영향을 미치는지, 그 파급력에 관해 상상력을 동원하여 냉철하게 대처하는 것이 중요하다.

2020년 늦은 가을, 미(美)대통령 선거에서 조 바이든이 당선되었다. 만약 바이든의 공약 내용을 알고 있었다면 재빨리 관련 종목을 살 수 있었을 것이다.

예를 들어 바이든은 '환경 대책'에 역점을 두겠다고 강조했다. 이 공약에 연계하여 탄소 저감, 신재생에너지와 같은 테마를 선택할 수 있다.

○ Check!

대박 난 상품의 주변을 생각해보자

예를 들면 어떤 히트상품이 나오면 그 상품을 세상에 내놓은 기업의 주가가 상승할 것이다. 하지만 정말 눈여겨봐야 할 것은 그 히트상품의 재료와 부품을 공급하는 회사다.

날씨도 주가와 관련이 있다. 올여름은 불볕더위일 것이라고 예상되면 맥주 등의 음료업체와 아이스크림 업체의 주가가 상승한다.

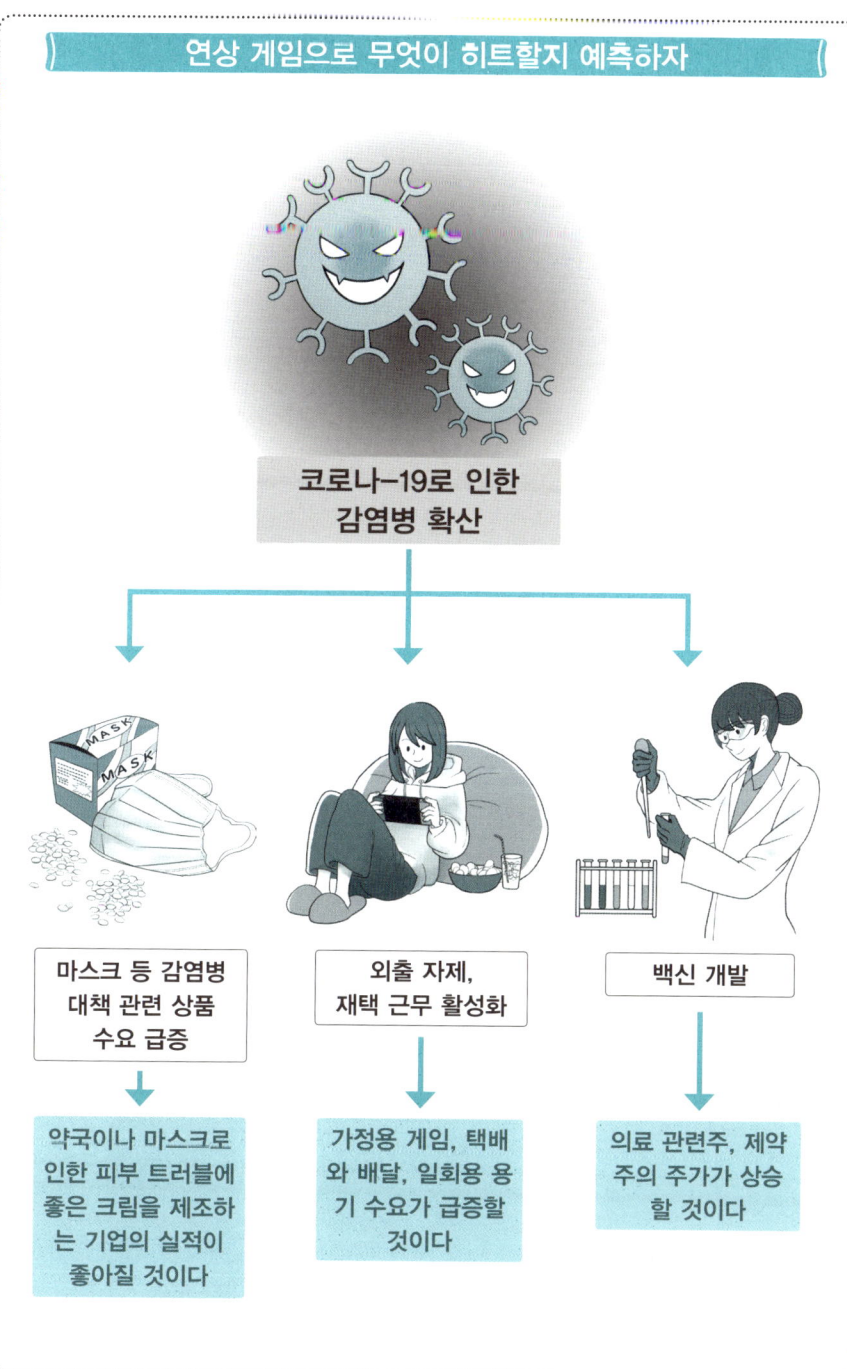

PART 5

현명한 '신용거래'를 하기 위하여

안즈 씨 유카타가 정말 잘 어울려요!
그래?
딸칵
술은 적당히
아하하
늦어서 미안해요
팬서 가와시마 씨!?
진짜?
TV 프로 잘 보고 있어요!
본인이야?
처음 봤어

난 1년 전부터 그 주식을 관찰했어요.
의문점이 있으면 회사에 문의하기도 하고
관련주에 관해서도 샅샅이 조사했는데 댁은 뭘 했죠?
움찔
결국 손실을 본 건 자신의 책임 아닌가요?
물론 남의 의견에 의존하다가 실패한 것도 자업자득이지만…
주식, 되게 쉽네
하지만…
지금의 저는 그렇지 않아요.
개미 단타족이 아니에요
가와시마 씨, 저와 한 판 겨뤄 보시죠?

Part 5
01 큰 수익을 노린다면 '신용거래'

◉ '공매도'를 할 수 있다

투자금을 자신이 가진 돈으로 주식을 사는 방법을 현금 거래라고 한다. 그에 비해 자신이 보유한 자금을 담보로 주식을 사는 방법을 '신용거래'라고 한다.

예를 들어 50만 엔이라는 자금을 담보금(위탁보증금)으로 증권사에 맡기면 100~150만 엔의 주식을 매수할 수 있다. 신용거래는 소액으로도 규모가 큰 거래를 할 수 있으므로 주가가 예상대로 움직이면 큰 수익을 낼 수 있다. 또 하루에도 몇 번씩 거래할 수 있는 점도 장점이다. 이러한 신용거래를 통한 주식매입을 '신용매수'라고 한다.

또 다른 장점으로 주가 하락 국면에서도 수익을 낼 수 있는 '공매도(신용매도)'가 있다. 이것은 증권사 등에서 빌려온 주식을 시장에서 팔고 주가가 떨어지면 그 주식을 다시 사서 반환하는 방법이다. (176쪽 참조)

◉ 단점도 있다

신용거래에는 단점도 있다. 보유 자금 이상의 거래를 할 수 있으므로 그만큼 손실을 볼 위험도 커진다.

또 신용거래가 가능한 종목은 정해져 있으므로 신용거래를 하고 싶어도 불가능한 종목도 있다. 거래 비용은 현금보다 비싼 편이며 상환 기한(6개월이 기본)이 설정된다. (182쪽 참조)

신용거래의 장단점

● **신용거래란?**

장점
- 보유 자금의 약 3배를 거래할 수 있다.
- 하락 국면에서도 수익을 낼 수 있다.
- 하루에 여러 번 매매할 수 있다.
- 수익금이 커진다.

단점
- 현금 거래보다 수수료가 비싸다.
- 상환 기한(보통 6개월)이 있다(제도 신용거래의 경우).
- 손실 위험이 높아진다.

신용거래는 하루에도 여러 번 거래할 수 있구나. 자세한 내용은 174쪽을 확인해~

● **신용거래로 이런 것도 할 수 있다!**

(에자키 글리코 [2206], 일봉)

신용매도 / 매도결제 / 매수결제 / 신용매수

신용거래는 '팔자' 주문으로도 수익을 낼 수 있어. 현금 거래만 하는 사람보다 2배 수익을 낼 기회가 있는 거지.

Part5
02 신용거래의 흐름을 알아두자

◉ 자금이나 주식은 어디서 빌리지?

신용거래를 할 때 투자자는 담보금을 지급하고 증권사로부터 매수 자금이나 매도용의 주권을 빌린다. 그러나 1사만으로는 자금이나 보유하는 주권에 한계가 있으므로 자금이나 주권이 부족할 때는 증권사가 '증권 금융회사'로부터 빌려 투자자에게 대출을 한다(제도 신용거래의 경우).

증권 금융회사란 신용거래를 할 때 필요한 자금과 주권을 증권사에 대출하는 목적으로 설립된 것으로 일본에는 일본 증권 금융(일증금)과 중부 증권 금융의 2사가 있다. 모두 금융상품거래법에 따라 면허를 받은 주식회사다.

◉ 현금 거래보다 비용이 든다

신용거래는 거래 수수료 외에도 다양한 비용이 든다. 또한 신용매수와 공매도의 경우, 소요되는 비용에 차이가 있을 수 있다.

우선 신용매수는 주식 매수 자금을 빌리게 되므로 **각 증권회사가 설정한 금리가 부과된다.** 공매도를 할 때는 공매도가 늘어 대주가 사라지면 증권금융회사가 기관투자자 등으로부터 수수료를 내고 주식을 빌려오기 때문에 **'역일보(逆日步)'라는 주식을 빌리는 데 따른 금리('품대료'라고도 함)를 부담해야 한다.**

또 신용매도와 공매도 모두 주당 110엔의 관리비가 드는 등 기본적으로 신용거래는 현금 거래보다 비용이 많이 든다.

용어해설 ※ **제도 신용거래** : 신용거래소가 정한 종목만 거래할 수 있는 방식이다. 또 다른 방법은 증권사마다 정해진 종목을 거래할 수 있는 '일반 신용거래'

신용거래의 흐름을 이해하자

● 자금이나 주식은 어디서 빌려올까 (제도 신용거래인 경우)

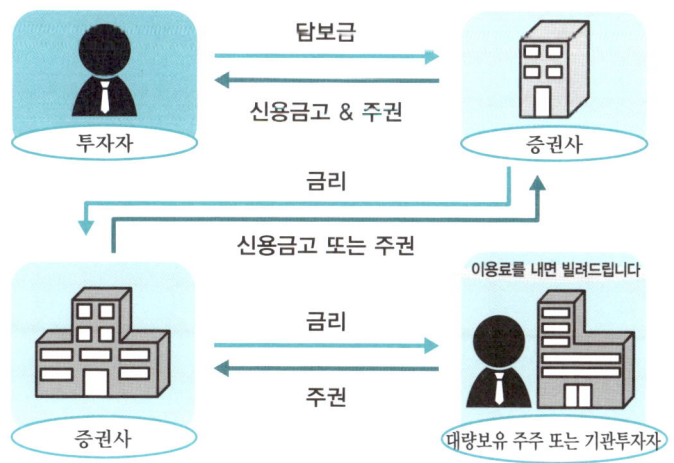

● 신용거래에 드는 비용

	신용매수	신용매도
거래수수료	증권사에 따라 상이하지만 현금거래보다 높은 경우가 많다	
금리	증권사에서 빌린 자금에 대한 금리	없음
대주료	없음	증권사에서 주식을 빌렸을 때 지급하는 비용
품대료 (역일보)	없음	시장에서 대차되는 주식이 부족할 때 필요한 비용 (제도신용 거래인 경우)
관리비	증권사에 지급한다	
명의 전환료	권리확정일을 걸치고 홀딩할 때 지급한다	없음
배당금 상당액	배당이 있는 종목은 상당액을 지급 받는다	배당이 있는 종목은 배당액을 지급한다

03 신용거래의 위력

◎ 수익이 3배!

신용거래의 큰 특징으로 수익을 크게 늘릴 수 있다는 점이 있다.

예를 들면 50만 엔의 현금으로 주식을 매수한 뒤 60만 엔에 매도했다고 하자. 이때 수익은 10만 엔이다. 한편 이 50만 엔을 담보금으로 150만 엔의 신용매수를 했을 경우, 150만 엔어치의 주가는 180만 엔이 되어 30만 엔의 수익이 발생한다.

즉, 신용거래의 수익은 현금 거래보다 3배나 크다.

또 현금 거래의 경우 주가 상승 국면에서만 수익을 낼 수 있지만 신용거래에서는 공매도에 의해 하락 국면에서도 수익을 낼 수 있다.

◎ 한 종목을 여러 번 매매할 수 있다

주식시장에서 현금 거래를 할 때는 '차금 결제 금지'라는 원칙으로 동일한 종목은 1회밖에 매매할 수 없다. 즉 한 번 주식을 샀다가 팔아 버리면 주가가 상승해도 그날 안에 다시 살 수 없다. 그러나 신용거래는 거래횟수에 제한이 없으므로 한 종목을 하루에도 몇 번씩 사고팔고 할 수 있다.

즉 오르내리는 주가의 움직임을 탈 수 있다면 상황에 맞추어 상승 국면에서 신용매수를 하고 하락 국면으로 전환했을 때 신용매도를 걸 수 있으므로 수익을 크게 올릴 기회가 있다. 반면 한국에서는 현금 거래로도 한 종목을 하루에도 여러 번 매매할 수 있다.

용어해설 ※ **차금 결제** : 주식을 매매했을 때 현물(주식)이 이동되지 않고 매수 대금과 매도 대금의 차액만 결제하는 것. 도박성이 높은 거래를 막으려는 목적이 있다.

자금을 몇 배로 활용할 수 있다

● 적은 원금으로 수익을 증대한다

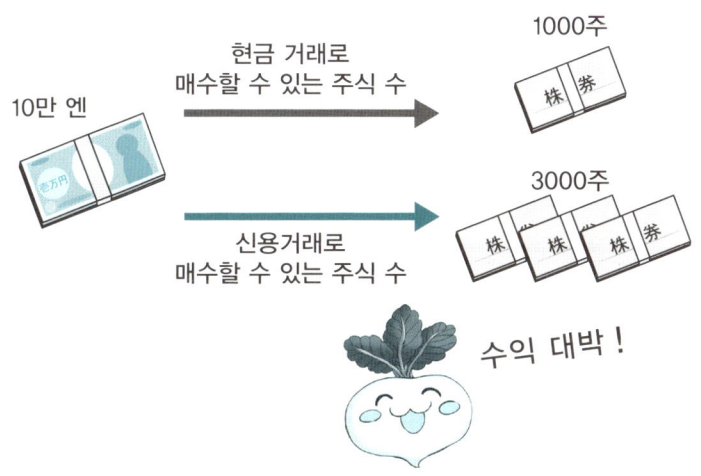

● 여러 번 매매할 수 있다

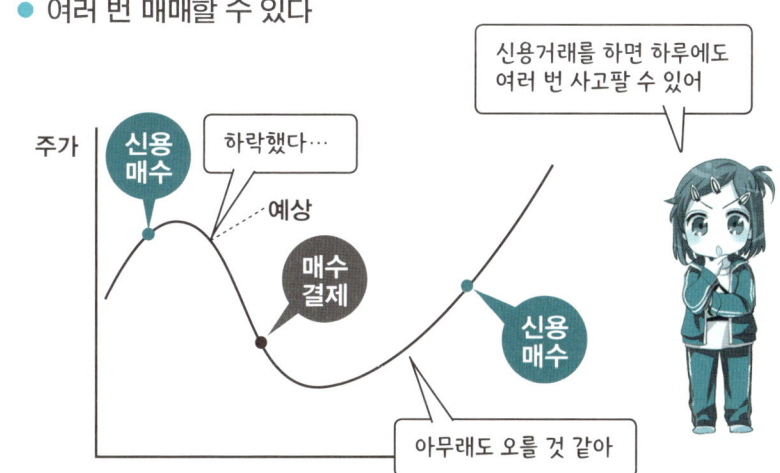

Part5
04 '공매도'로 돈을 벌 기회가 2배로 커진다!

◐ 하락한 만큼 수익이 난다

현금 거래를 하는 주식투자는 보유 주식의 주가가 상승하면 매도하여 수익을 확보한다. 즉 수익 확정을 하려면 주가 상승이 절대적인 조건이 되며 주가가 하락하면 손실을 입는다.

그러나 앞에서 말한 것처럼 **신용거래로 공매도를 하면 주가가 하락했을 때 수익을 낼 수 있다.** 여기에서는 공매도에 대해서 자세히 설명하겠다.

◐ 하락 국면이야말로 기회!

예를 들어 하락을 예상하여 10만 엔에 거래되는 A주를 증권사에서 빌려와 공매도를 했다고 하자. 주식이 팔리면 매수한 투자자로부터 10만 엔을 받고 그 후 A주가 6만 엔으로 하락하면 그 주식을 시장에서 되사들여 증권사에 반환한다. 이 주가가 하락한 4만 엔이 수익이 된다.

만약 공매도한 주식이 예상과 반대로 상승하면 오른 만큼의 손실이 발생한다.

10만 엔으로 공매도한 A주가 15만 엔까지 오르고 거기서 결제하면 차액인 5만 엔의 손실을 보는 것이다.

특히 시장 전체가 하락 추세일 때는 공매도를 현명하게 활용하면 효과적이다.

'공매도'로 수익을 낼 기회가 2배!

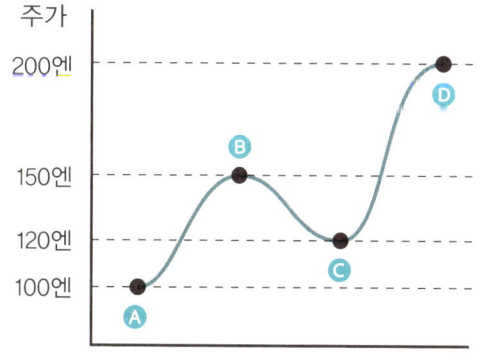

Ⓐ ~ Ⓓ 구간에서 매매하는 거야

현금 거래 (1,000주 거래)

행동		주가와 수량	금액	
Ⓐ	매수	100엔 × 1000주	10만 엔	수익
Ⓓ	매도	200엔 × 1000주	20만 엔	10만 엔

신용거래 (3,000주 거래)

행동		주가와 수량	금액	
Ⓐ	신용매수	100엔 × 3000주	30만 엔	수익
Ⓑ	매수결제	150엔 × 3000주	45만 엔	15만 엔
Ⓑ	신용매도	150엔 × 3000주	45만 엔	수익
Ⓒ	매도 결제	120엔 × 3000주	36만 엔	9만 엔

※매매수수료 제외

총수익 24만 엔

매매를 반복하면 자금의 3배 이상의 수익을 낼 수도 있어!

Part5 05 설마 퇴장? 공매도의 위험한 점

▶ 신용매수는 손실 금액에 한계가 있다

주가 하락에는 한계가 있으며 주가가 마이너스가 되는 일은 없다.

예를 들어 최악의 사태인 회사가 파산해서 주당 100엔인 주식이 종잇조각이 된다 해도 주가의 최하가는 0엔이다. 즉 신용을 써서 주식을 매수할 때 생각할 수 있는 최대 손실액은 매수할 때의 매수가다.

▶ 공매도는 손실에 상한이 없다

그런데 공매도에는 신용매도보다 큰 리스크가 잠재한다. 이론상으로 손실 폭에 한계가 없기 때문이다.

예를 들어 100엔짜리 주식을 공매도했는데, 그 후 주식이 오르면 손해를 볼 것이다. 이때 주가 상승이 100엔이라면 매수가와 같은 100엔의 손실로 끝나겠지만, 주가는 300엔, 400엔 이런 식으로 추가 상승할 수도 있다. 즉 공매도의 손실은 주가 상승 여지에 따라서 한없이 부풀어 오를 수 있다.

◦ Check!

▌강제 청산을 당할 수도 있다

실제로는 담보 여력이 없어지면 추증이라는 추가 보증금을 내야 한다. (180쪽 참조) 그렇게 하지 못하면 증권사는 강제적으로 보유 주식을 매도하기 때문에 실제로는 손실금이 한없이 커지진 않는다.

신용거래에 따른 리스크

● '신용매수'로 실패하는 경우

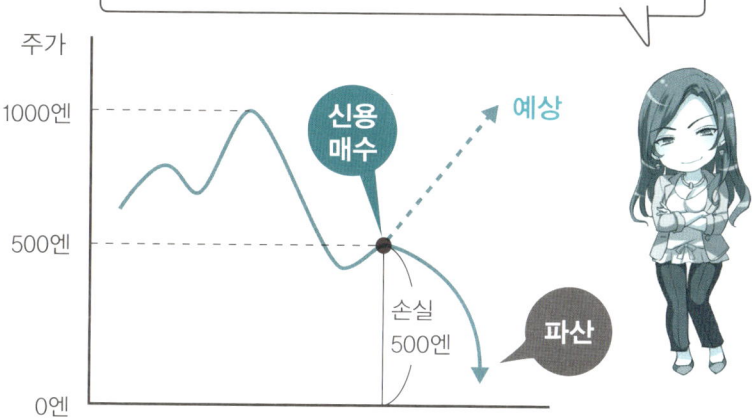

● '신용매도'로 실패하는 경우

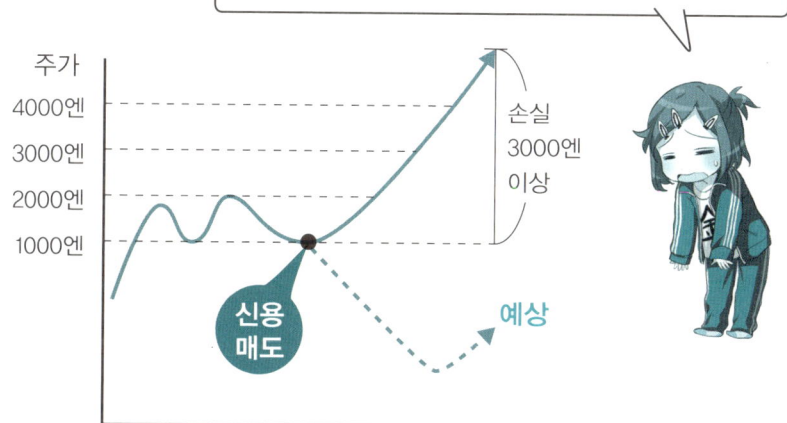

Part 5
06 호환마마보다 무서운 추가 보증금

▶ 그대로 두면 강제 결제된다

신용거래에 필요한 담보금에는 최저 보증금 유지율이 증권사별로 정해져 있다. 예를 들어 최저 보증금 유지율이 20%인 경우 30만 엔의 담보금을 맡기고 100만 엔어치 신용매수를 했다고 하자. 거래 결과 잠재적 손실이 발생해 담보금이 100만 엔의 20%, 즉 20만 엔 아래로 떨어졌다면 부족한 금액을 증권사에 추가 보증금으로 내야 한다. 이것이 '추증(추가 보증금)'이다. 추가 보증금은 보증금을 내는 것 외에 반대매매를 함으로써 해소할 수도 있다.

추가 보증금을 납입하지 않으면 증권사가 보유주식을 강제 결제해버리므로 크게 손실이 날 수도 있다. 통상적으로 강제 결제되면 그것으로 끝난다. 하지만 납입 기간 중 주가가 추가 하락하면 납입할 금액이 더 늘어난다. 증권사는 주식을 장시작과 동시에 하한가로 매도주문을 넣어 가격에 상관없이 시가에 바로 매도되도록 하는데, 이때 반대 매도하는 금액은 담보부족액보다 훨씬 클 수 있다는 점을 알아둬야 한다. 대폭락했을 때는 추가 비용 부담이 요구되는 일도 있으므로 주의해야 한다. 일본에서는 반대 매매 후 신용거래 계좌가 일시적으로 동결되어 일정 기간 동안 거래를 할 수 없게 되어 있다.

Check!

강제 결제는 언제 할까?

강제 결제를 하기 전에는 마진콜이라는 '경고'가 뜨면서 보증금이 부족하다는 메시지가 전달된다. 보증금을 추가로 입금하지 않으면 강제 결제되는데 **보증금 유지율과 강제 결제 시점은 증권사마다 다르다.**

용어해설 ※ **반대매매** : 신용거래 등 결제기일이 정해져 있는 거래의 경우, 빌린 돈을 기간 내에 변제하지 못하면 고객의 의사와 상관없이 주식을 강제로 일괄매도 처분하는 매매를 말한다.

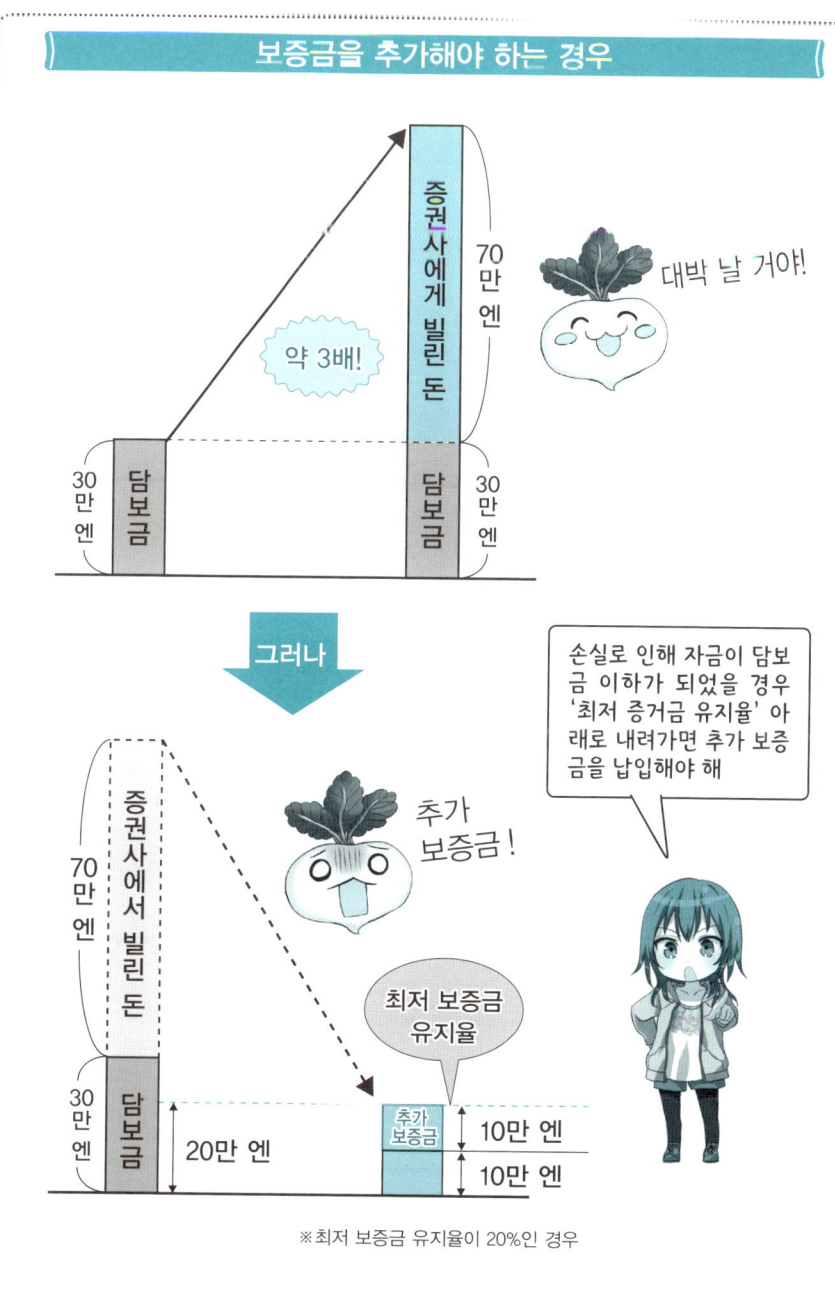

'신용매수 잔고'와 '신용매도 잔고'

◐ 신용 융좌 기간은 최대 6개월

결제가 끝나지 않은 신용거래의 주식 수를 신용매수 잔고 또는 신용매도 잔고라고 한다. 시장에 남아 있는 이 신용거래 잔고(이하 신용 잔고)는 주가에 큰 영향을 준다.

특히 중요한 것은 <mark>신용거래(주로 제도신용 거래)는 상환 기한이 되면 반대 매매로라도 '결제'해야 한다는 점이다.</mark> 6개월 분기 한정되어 있으므로 쌓인 신용잔액은 반드시 6개월 이내에 결제를 해야 한다. [*한국의 경우 '신용 융자 기간' 229쪽 참조]

◐ 결제일이 임박하면 투매가 나오기도

주가가 상승하고 매매가 활발해지면 그 과정에서 신용매수도 늘어난다. 그러나 주가가 고점을 찍고 하락세로 돌아서면 신용매수에 나선 투자자들은 손해를 보기 싫어 좀처럼 팔지 못한다.

현금 거래한 주식이라면 주가가 회복될 때까지 버티면 되겠지만 신용매수를 한 경우에는 상환 기일 이내에 팔아야 한다. 즉 투자자는 주가가 회복되지 않은 시점에서 결제를 강요당하고 마지막에는 손해를 감수하고 주식을 매도할 수밖에 없다.

<mark>실제 거래에서도 주가가 피크를 찍고 나서 결제 기한(일반적으로는 6개월 후)이 다가오면 투매로 인해 주가가 일시적으로 하락하는 현상을 종종 볼 수 있다.</mark> 이것이 주가 하락의 최종 국면이 되는 경우가 많으므로 이때를 놓치지 말자.

신용 잔고가 주가를 변동시킨다

주가가 상승하면 거래량이 증가한다. 거래량 중에는 신용거래로 인한 것도 많으며 매수잔고가 쌓여간다

부풀어 오른 손실을 떠안은 상태에서 신용기일(상환 기일)이 다가오면 마지막에는 투매가 발생한다. 이것을 셀링 클라이맥스라고 하며 하락세의 바닥권으로 본다

매도 잔고도 언젠가는 되사서 돌려 놔야 해

즉, 주가 상승이 지속하면 비싼 값으로 주식을 되사야 하니까 주가가 더욱 상승할 가능성이 있는 거야(숏스퀴즈). 증권사 홈페이지에서 신용 잔고를 확인할 수 있어!

PART
6

억만장자가 되는 사람과 못 되는 사람

자신만의 매매 시나리오를 세우자

◆ 매도 시점을 정해두자

 주식투자는 매수할 때인 '입구'뿐 아니라 매도할 때인 '출구'도 제대로 정해놔야 한다. 특히 초보자에게는 매도가 더욱 어렵게 느껴진다. 수익을 남기는 데 급급해 주가가 내려가는 일까지 생각하지 못하기도 한다. 그런 사람들은 막상 주가가 하락하면 허둥지둥하다가 올바른 투자 행동을 취하지 못할 가능성이 크다.

 주가가 상승했을 때도 마찬가지다. 매도 시기를 생각해두지 않으면 계속 주가가 오를 것이라며 욕심을 내기도 하고, 지금 안 팔고 버텼다가 앞으로 떨어지면 어떡하나 하는 고민에 시달린다.

◆ 어떤 상황에도 대응할 수 있도록

 실제로 주식을 판 후 주가가 급등해 '실패했다'고 후회하거나 한층 더 상승할 것이라고 욕심을 내어 팔지 않고 보유했더니 '잘못 팔았다'라고 후회할 수도 있다.

 이러한 실패를 반복하지 않으려면 미리 '주가가 ○엔까지 상승하면 매도해서 수익을 확정한다', '만약 ○엔까지 하락하면 손절하여 손실을 확정하자'라고 자기 나름의 시나리오를 작성해 두는 것이 중요하다. 시나리오만 세워 놓으면 주가의 출렁임에 휘둘리지 않고 차분하게 거래할 수 있을 것이다.

사전에 매매 시나리오를 세워놓자

● 시나리오가 있으면 차분히 대처할 수 있다

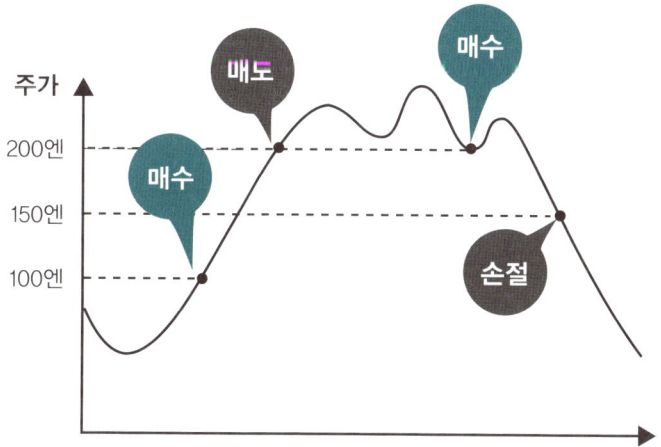

● 시나리오가 없으면 상황에 휘둘린다

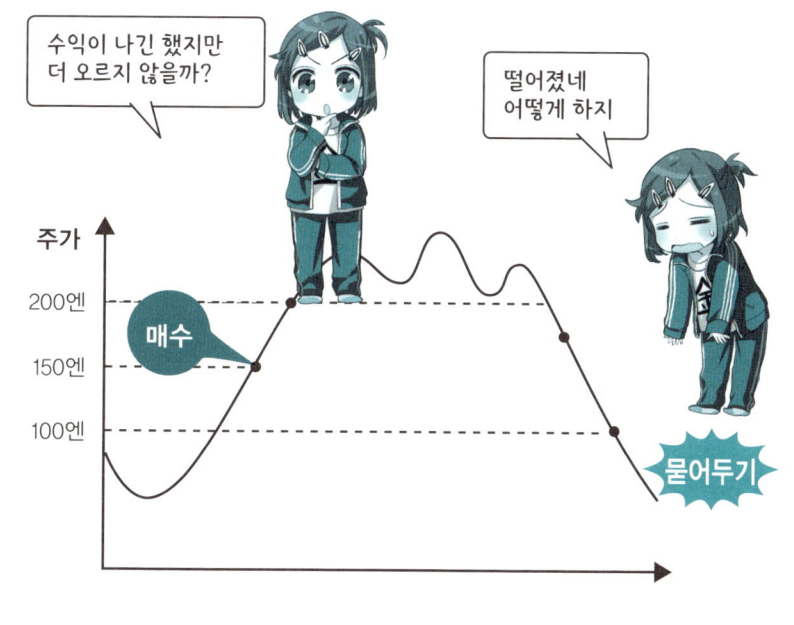

재빠른 '추세 매매'냐 우직한 '역추세 매매'냐

❯ 상승 추세를 탈 것인가 말 것인가

주가가 상승할 때 매수해 그 상승세를 타고 고점에서 파는 방법을 '추세 매매'라고 한다. 이 방법은 **단기간에 수익을 내기 쉽지만 잘못하면 꼭지에 사서 물릴 위험도 있다.**

추세 매매와는 반대로 주가가 횡보하거나 바닥권에 있을 때 주식을 매수했다가 주가가 오르면 매도하는 투자 방법이 있는데 이것을 '역추세 매매'고 한다.

역추세 매매는 주가가 횡보하거나 바닥권에 있을 때 매수하므로 추가 하락에 대한 불안은 적지만 수익이 나는 데 시간이 걸리는 편이다.

추세 매매는 단기 거래에 어울리고 역추세 매매는 중장기 거래에 어울리는 투자법이라고 할 수 있다.

Check!

바닥인지 확인하고 사자

역추세 매매를 할 때 주의할 점은 주가가 하락한다고 서둘러 사면 안 된다는 것이다.

하락하는 도중에 사 버리면 어디까지 하락할지 예측할 수 없는 상태에서 기다려야 하므로 크게 손해 볼 가능성도 있기 때문이다.

바닥권에서 안정적으로 주가가 움직이고 있고 차트상에서 상승할 조짐이 나타나면 그때 매수하도록 하자.

'추세 매매'와 '역추세 매매'

- 주가가 상승하기 시작할 때 주식을 사는 '추세 매매'

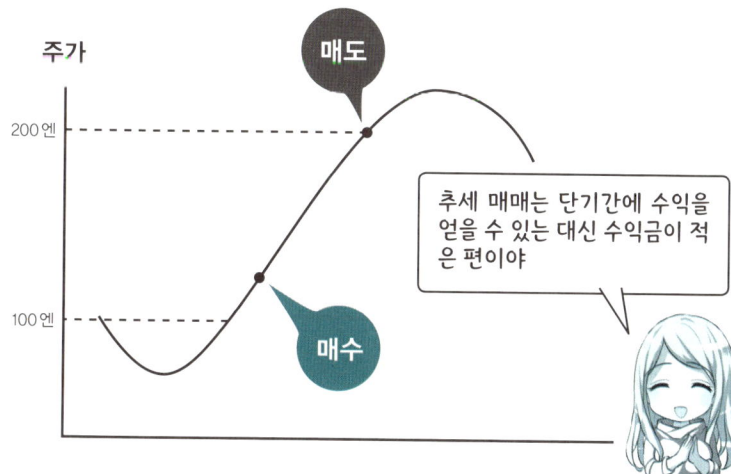

- 주가가 바닥권에 있을 때 주식을 사는 '역추세 매매'

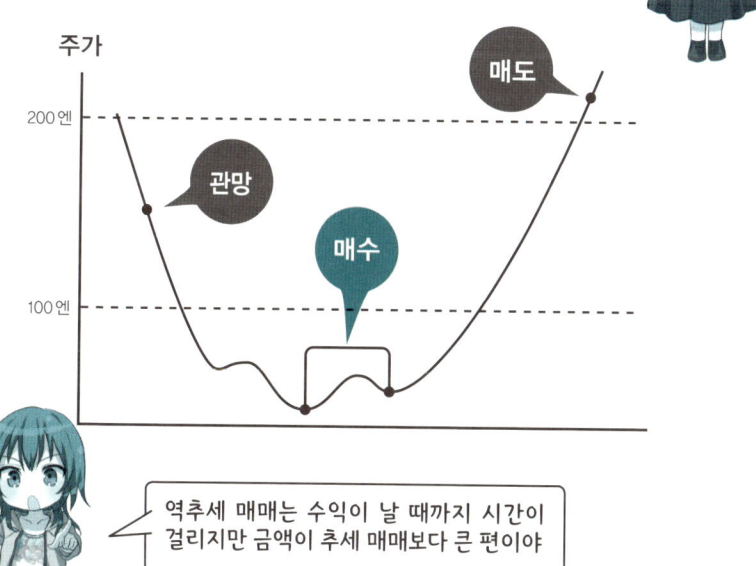

Part 6
03 리스크가 싫다면 '분산투자'

◉ 집중할 것인가, 여러 곳으로 나눌 것인가

투자자금은 한계가 있으므로 투자를 할 때는 자금을 운용하는 방식도 무척 중요하다.

150만 엔의 투자자금을 운용할 경우 전액을 5,000엔인 A주에 투자한다면 300주를 매수할 수 있다. 또는 5,000엔인 A주 100주(50만 엔), 4,000엔인 B주 100주(40만 엔), 6,000엔인 C주 100주(60만 엔), 이런 식으로 나눠서 살 수도 있다. 전자를 '집중투자' 후자는 '분산투자'라고 한다.

◉ 서로 다른 업종으로 나누어 투자하자

집중투자와 분산투자 모두 장단점이 있다. 집중투자는 예상이 맞으면 큰 수익을 낼 수 있지만 반대로 손해가 날 때의 손실액도 크다. 반면 **분산투자는 종목에 따라 주가가 다르게 움직이므로 한 번에 큰 수익을 내기는 어렵지만 큰 손실을 입는 리스크를 분산할 수 있다.**

> **Check!**
>
> **▌여러 업종으로 배분하자**
>
> 분산투자를 하는 요령은 되도록 다양한 업종에 투자하는 것이다. 같은 업종의 종목은 대체로 같은 방향으로 움직이기 때문이다. 예를 들면 '엔저에 강한 종목', '엔고에 강한 종목'과 같이 다른 움직임을 하는 종목을 조합하여 투자하면 리스크를 분산할 수 있다.

'집중투자'와 '분산투자'

- 수익은 크지만 리스크도 큰 '집중투자'

- 수익은 적지만 리스크도 적은 '분산투자'

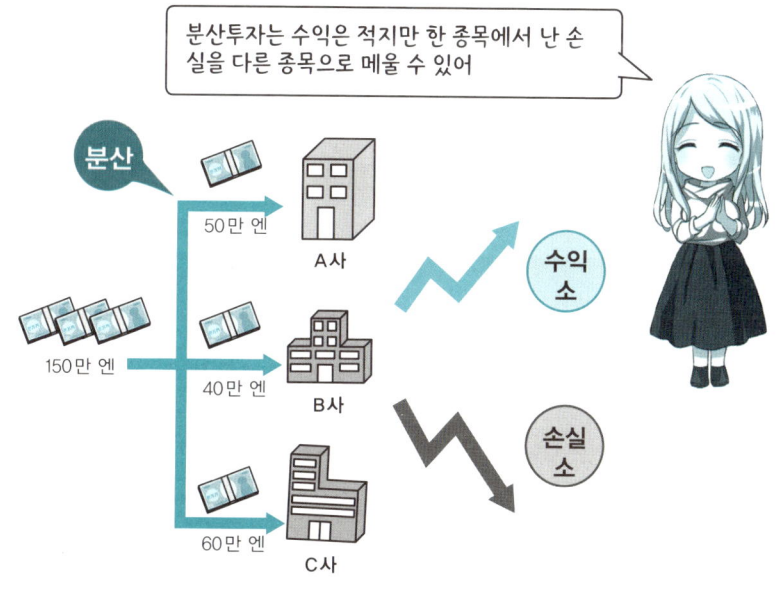

분산투자는 수익은 적지만 한 종목에서 난 손실을 다른 종목으로 메울 수 있어

Part6
04 '손절'을 잘해야 주식 고수?

▶ 하락할 때 주식을 파는 '손절매'

운용 실적은 매수한 주식의 주가가 하락했을 때 어떻게 대응하는지에 따라 크게 달라진다. 여기에서는 2가지 대처법을 소개한다.

첫 번째는 빨리 포기하고 매도하는 '손절'이다.

손실을 최소한으로 억제하고 다른 종목으로 갈아타는 발상으로 주가가 10% 하락하면 매도하는 등 시나리오를 미리 정해둔다. 얼마에 손절 가격은 투자가의 판단에 따라 다르게 설정하지만 하락폭이 클수록 주가가 회복하는 데 시간이 걸린다.

▶ 매수비용을 낮추는 '물타기'

주가가 하락했을 때의 두 번째 대처법은 '물타기'다. 주가가 하락하면 주식을 추가 매수하여 평단가를 낮추는 방법이다. 매수 평단가를 낮추면 주가가 회복했을 때 빨리 손실을 만회할 수 있다는 생각이다.

예를 들어 1,000엔으로 매수한 주가가 800엔까지 하락했을 때 같은 주식을 추가 매수하면 평균 매수가는 900엔이 된다. 즉, 주가가 900엔으로 회복되면 손실을 만회할 수 있다.

여기서 주의할 점은 주가가 회복될 것이라는 전망이 있어야 한다는 점이다. 하락한 이유를 확인해서 주가 회복 가능성을 판단하자.

'손절'과 '물타기'

● 피해를 최소화하는 '손절'

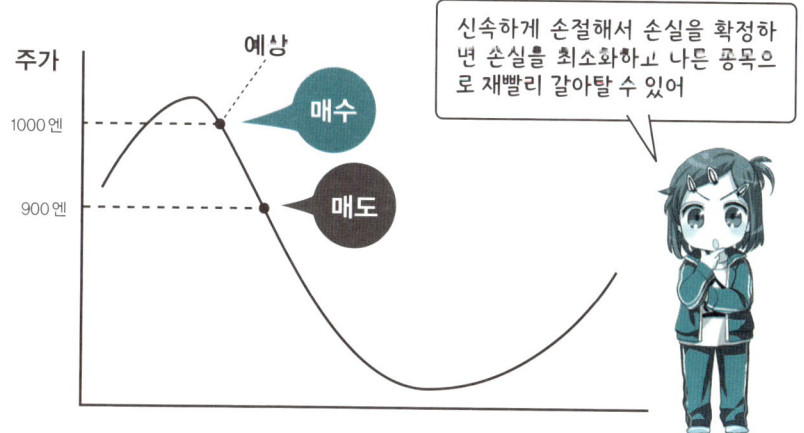

● 매수 평단가를 낮추는 '물타기'

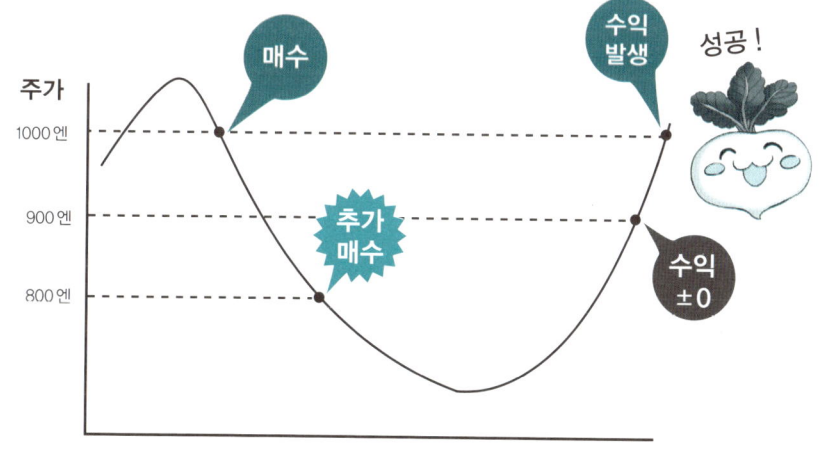

'거래량'으로 주가의 정점을 예측하자

◐ 주가가 오르면 거래량도 늘어난다.

주식을 사고파는 양(주식 수)을 거래량이라고 한다. 주가의 움직임과 관련이 깊으므로 거래량의 변화도 눈여겨보자.

<u>일반적으로 거래량은 주가가 하락해 있으면 낮은 수준에 머무르고 주가가 상승하기 시작하면 서서히 증가한다.</u> 주식을 사고 싶어 하는 투자자가 늘어나 주가가 오르면 '이 주가면 매도해도 되겠다'는 투자자가 늘어나면서 거래가 성립되기 때문이다.

거래량의 정점은 주가가 정점에 달할 즈음이며 그 후 주가가 하락하기 시작하면 거래량도 주가에 맞추어 떨어지는 경향이 있다.

즉 <u>거래량을 확인하면 상승세를 타는 주가가 어디쯤에서 정점을 지날지 어느 정도 예측할 수 있다.</u>

Check!

▎대바닥에서도 거래량이 급증하는 셀링 클라이맥스

주가가 바닥권에 있는데도 거래량이 급증하는 현상을 '셀링 클라이맥스'라고 한다. 이것은 매물이 쏟아지는 막바지로 해석할 수 있으며 그 후 주가는 빠른 기세로 회복한다.

셀링 클라이맥스는 신용매수가 증대한 뒤 상환 기일이 가까워질 무렵(182쪽 참조)에 발생하기 쉽고 저점을 판단할 수 있다면 절호의 매수 기회가 된다.

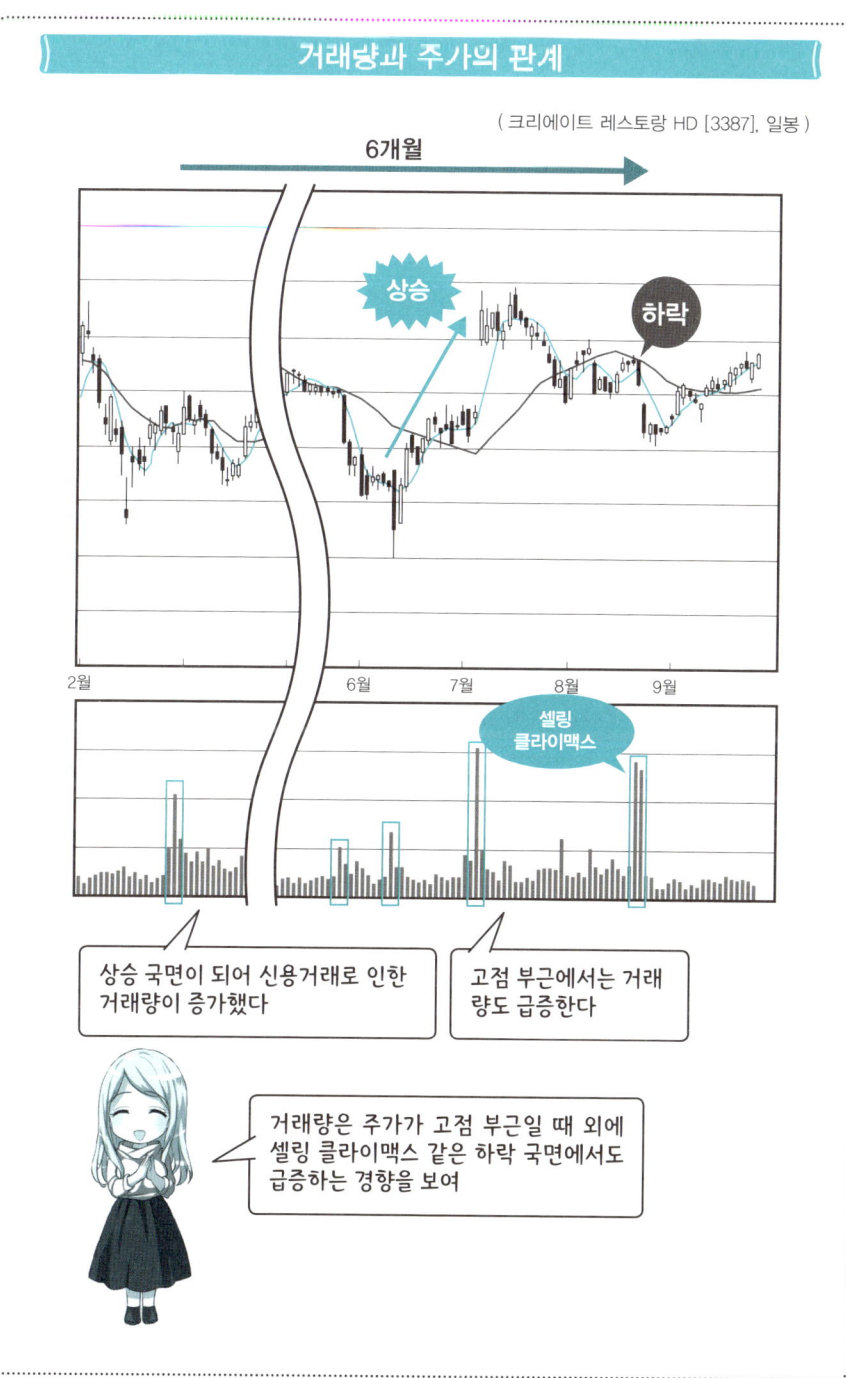

Part 6
06 늦게 출발하거나 동반 하락한 종목을 찾아라!

● 같은 업종의 주식은 같은 움직임을 보인다

기업 실적이 양호하다는 발표가 나온 뒤 주가가 급상승하는 것은 시장의 예상을 상회한 수치가 나와 시장에서 서프라이즈로 받아들여졌기 때문이다.

그러면 주가가 오른 해당 기업뿐 아니라 같은 업종에 속한 다른 기업의 주식도 덩달아 오르기 시작한다. 이것은 투자자가 '동일한 업종이니 이 기업도 좋은 실적이 나오겠지'라고 기대하기 때문이다.

물론 같은 업종의 기업 주가가 상승한다고 해서 반드시 같은 시점에 상승하는 것은 아니다. 같은 업종 내에서도 비교적 작은 회사나 무명에 가까운 회사의 주식은 다른 종목이 팔려 순환한 뒤에 주목받는 경우가 많다. 이것을 '늦게 출발하는 종목'이라고 하며 다른 투자자보다 빨리 그런 종목을 찾으면 수익을 올릴 기회를 잡을 수 있다. 물론 동업 타사에 비해 실적이 부진한 편은 아닌지 반드시 확인해야 한다.

● 동반 하락한 종목은 즉각 반등

또 어떤 기업의 실적이 악화되거나 부정사건 등으로 주가가 급락하면 해당 업종 전체에 악영향을 미쳐서 실적이 좋고 그 사건과 무관한 기업의 주식에도 매도세가 붙을 수 있다.

이것을 '동반 하락'이라고 한다. 동반 하락한 종목은 곧 매수세가 붙는 경향이 있으므로 매수 기회라고 볼 수 있다.

동일 업종은 비슷한 주가 움직임을 보인다

● 호실적이 발표되면 동일 업종의 다른 기업들도 주가가 오른다

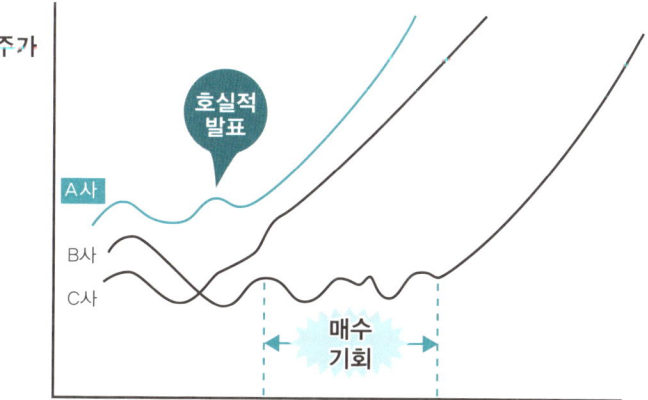

● 타사의 불상사에 연동해 하락한 동일 업종 기업의 주가는 회복한다

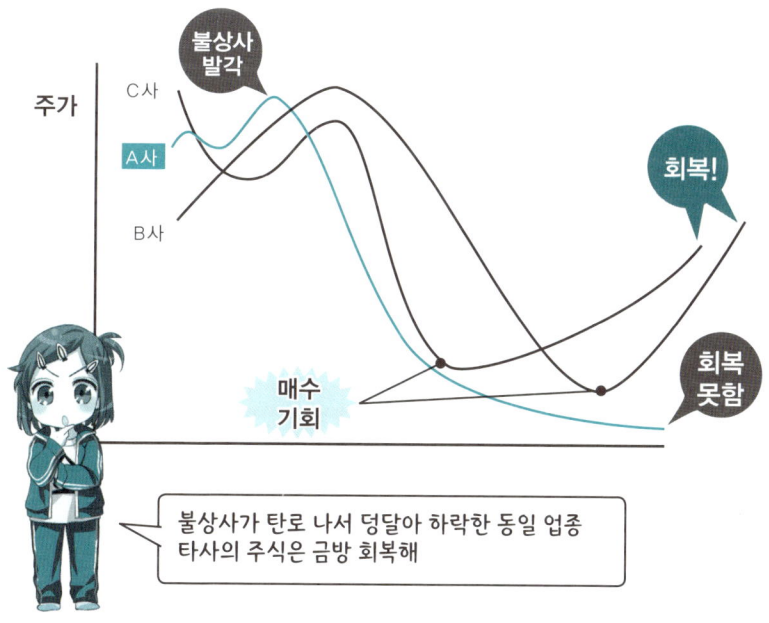

07 주식시장에서 이기지 못하는 사람의 유형

Part6

◐ '열공'하는 사람만이 수익을 낼 수 있다

수식 분석과 거래 방법을 배웠다고 반드시 수익을 내는 것은 아니다. **아무리 지식을 머릿속에 집어넣어도 정작 정보 수집을 게을리하는 사람은 주식으로 수익을 얻기 힘들다.**

그런데 실제로 보면, 열심히 공부하고 정보 수집도 게을리하지 않았는데도 생각만큼 실적이 나지 않는다고 한탄하는 소리가 여기저기서 들려온다.

왜 그런 걸까? 그런 사람의 투자 활동을 분석해 보면 대부분은 이른바 '마인드 컨트롤'이 되지 않아 손실을 보는 경우다.

◐ 차분한 이성의 소유자인가

주식투자를 하려면 많은 돈을 시장에 투입해야 한다. '밑천을 불려야지'라는 욕망과 돈이 줄어들면서 '내가 뭘 잘 모르는 건 아닌가'하는 공포심 사이에 갈등이 생긴다.

욕심이 과하면 '계속 오를 거야'라며 주식을 계속 보유하다가 결국 수익을 내지 못하고 하락하기도 한다. 손실이 커지는 것이다. 또 기대와는 다른 주가의 움직임을 해도 손절하지 못해서 손실을 키우기도 한다.

주식거래를 할 때는 지나치게 뜨거워지거나 두려워하지 않고 항상 차분하게 판단할 수 있도록 마인드 컨트롤이 되어야 한다.

주식시장에서 이기지 못하는 사람

● 욕심 많은 유형

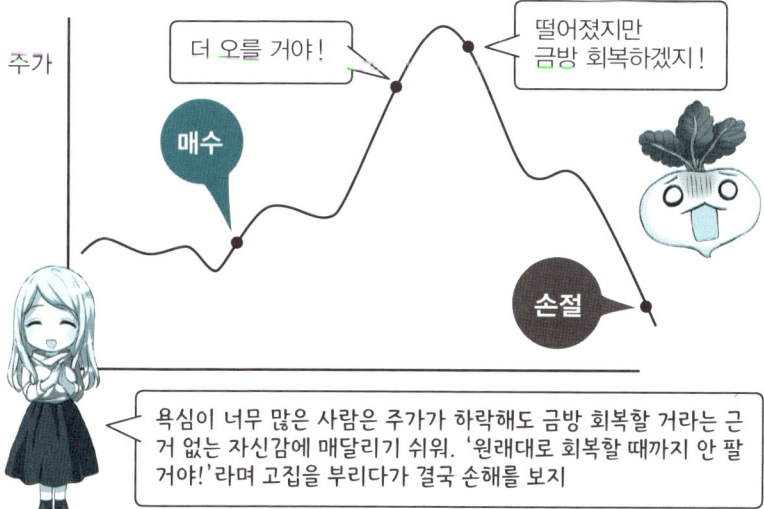

욕심이 너무 많은 사람은 주가가 하락해도 금방 회복할 거라는 근거 없는 자신감에 매달리기 쉬워. '원래대로 회복할 때까지 안 팔 거야!'라며 고집을 부리다가 결국 손해를 보지.

● 지기 싫어하는 유형

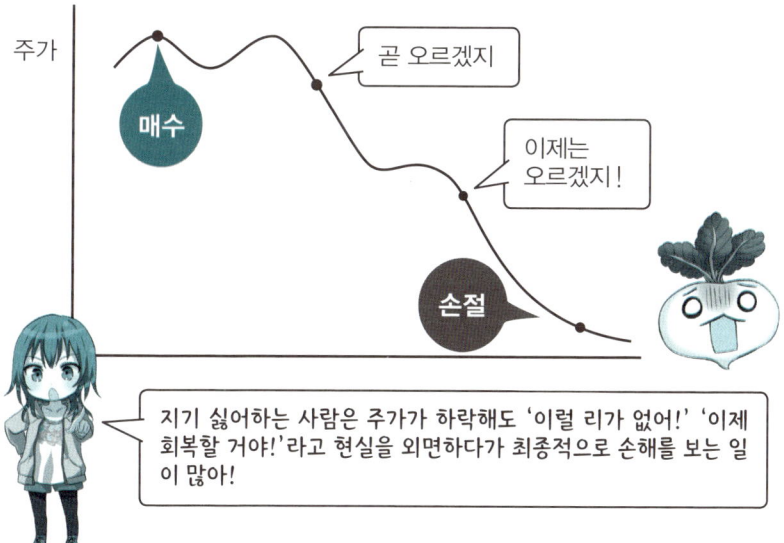

지기 싫어하는 사람은 주가가 하락해도 '이럴 리가 없어!' '이제 회복할 거야!'라고 현실을 외면하다가 최종적으로 손해를 보는 일이 많아!

'싼 주식'에 손대지 마라

◆ 너무 싼 주식에는 리스크도 있다

주식투자로 수익을 내려면 얼마나 저렴한 주식을 찾아낼 수 있을지가 중요하다. 그러나 **'싼 주식'을 사도 손실이 날 리스크는 여전히 존재한다. 미래의 주가 상승을 기대할 수 없다면 아무리 싸도 손대지 말아야 한다.**

극단적인 경우를 꼽으라면 50엔 액면(최저 매매 단위 1,000주)이고 100엔 이하 종목은 파산 예비군이라고 불린다. 언제 회사가 망해도 이상하지 않은 회사의 주식을 말하며 파산하면 주식이 종잇조각이나 다름없게 될 가능성이 있다.

싸게 주식을 살 수 있으면 하락에 대한 불안은 크지 않지만 기업이 파산하면 본전도 못 찾는다.

◆ 주가 지표는 미래 수치로 판단

고평가, 저평가를 확인하는 지표는 다양하지만(PART 2 참조) 비정상적으로 저렴한 종목은 주의해야 한다.

예를 들면 주가수익률에서 '저가' 수준인 PER 5배가 나왔다고 하자. 이 PER 5배로 산출된 주가는 현재의 수치이지만 이미 결과가 나온 과거의 실적을 대입해서 나온 수치이기도 하다.

그러나 주가는 미래를 반영하며 움직이기 때문에 다음 실적이 10분의 1이면 그 주식은 PER 50배인 비싼 주가 된다.

미래의 실적을 대입해서 계산해도 저평가로 나오는지 확실히 하고 매수해야 한다.

하면 안 되는 '내부자 거래'

◐ 남보다 빨리 정보를 입수하자

주식투자를 할 때 정보 수집은 매우 중요하다. 실적, 합병이나 업무 제휴, 신제품이나 신기술 개발 등은 주가를 크게 움직이는 재료가 된다.

일반적으로 이런 정보는 뉴스 보도 등에서 공개되지만 실적이 발표되기 전(=주가가 상승하기 전)에도 그 정보를 알아차릴 가능성도 있다.

예를 들면 편의점에 팔린 신제품 중 '이건 대박 나겠구나'라고 예측했는데 그것이 적중하면 남보다 먼저 정보를 깨달은 덕에 주식거래로 큰 수익을 낼 수 있다.

◐ 내부 정보 거래는 위법 행위!

실적 발표가 이루어지기 전에 그 내용을 알 수 있으면 주가 상승 전에 주식을 사거나 하락 전에 주식을 팔아 치울 수 있다.

그러나 이 정보를 잘못 다루면 중대한 법률 위반을 할 수도 있다. 직원이 사내에서 알게 된 정보를 근거로 하는 주식거래를 '내부자 거래'라고 하는데 이것은 법률에 따라 처벌받는다.

직원 자신이 아니어도 정보를 제공받은 가족이나 완전한 제삼자여도 내부인으로부터 제공받은 정보를 근거로 주식을 거래하면 내부자 거래로 간주되므로 정보를 다룰 때는 그 점을 인식해야 한다.

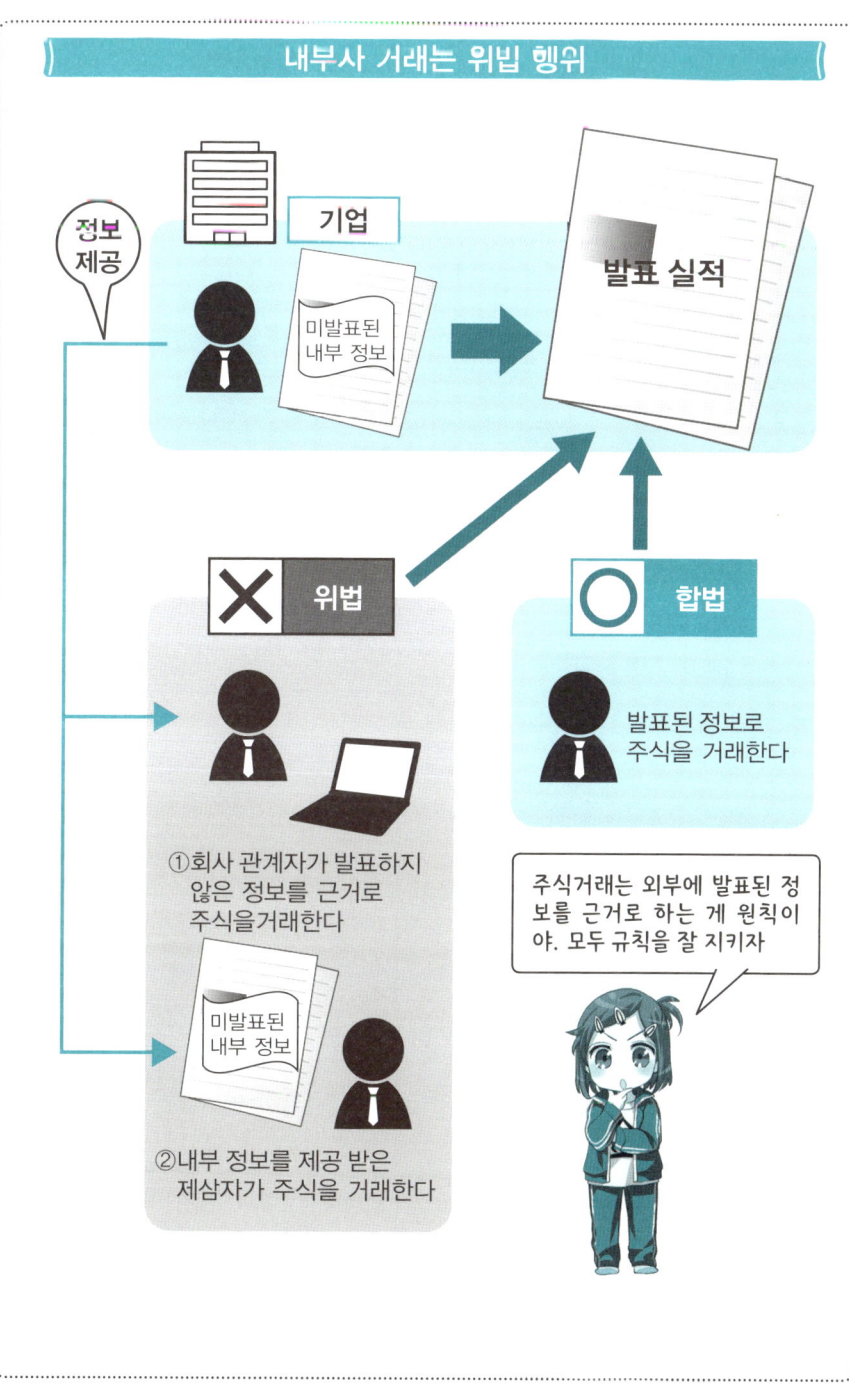

끝

마지막으로

　이 책은 지금까지 자산운용에 전혀 관심이 없었던 초보자도 곧바로 주식투자에 도전할 수 있도록 주식투자의 노하우를 가능한 한 알기 쉽게 해설했다. 여러분이 이 책을 읽고 주식투자를 통해서 풍요롭고 행복한 인생을 보낼 수 있기를 바란다.
　주식투자로 성공하는 방법들을 소개했는데, 마지막으로 한 가지만 덧붙이고자 한다. 책상에서만 익힌 노하우로는 결코 성공할 수 없다는 점이다.

　이것은 자동차 운전 교본을 아무리 열심히 읽어도 자동차 운전할 수 없는 것과 같다. 지식을 익힌 다음에는 실전을 통해 실력을 쌓아야 한다. 그런데 초반의 거래가 술술 풀린다면 그것은 '초보자의 행운'이라고 생각하는 편이 나을 것이다.
　특히 2020년에는 코로나 후의 주가 상승이 계속되어 그 혜택을 받은 사람이 많다. 그러나 시장 환경이 언제까지나 좋은 상태를 유지하지는 못할 것이다. 시장이 나빠졌을 때야말로 투자 능력이 판가름 난다.

　나는 주식투자로 큰 성공을 거둔 투자자들을 많이 취재해 왔는데, 그들 중 처음부터 수익을 잘 낸 사람은 아무도 없었다. 실패를 거듭하면서 실전에 대한 감을 길러 나갔다.
　또 아무리 주식투자의 달인이라도 10전 10승은 할 수 없다. 4패를 해도 나머지 6승으로 수익을 쌓아 올린다고 하는 생각이 중요하다. 한 번도 지고 싶지 않다는 심정은 이해하지만 그것에 집착하면 단 1패(9승)로 손실이 나는 수가 있다. 반대로 말하면 4승 6패라도 전체 수익 면에서는 플러스일 수 있는 것이 주식투자다.

　주식투자는 자신과의 싸움이라는 측면도 있다. 심리적 균형을 무너뜨리지 않고 잘 컨트롤하지 못하면 결코 승리를 전망할 수 없다.
　계속 이기기 위한 '절대적인 방법'은 없으며 사람마다 그 내용도 다르다. 그러려면 기본 노하우 위에 '실전'을 쌓아 가면서 깨달은 나름의 방법을 가미해야 한다.
　부디 이 책을 읽고 주식투자로 자산을 잘 운용해 불릴 수 있기를 바란다.

야스츠네 오사무

색인

알파벳

EU 탈퇴	145
FF금리	152
FOMC	152
GDP	148
IPO주	22, 74
ISM 제조업지수	152
PBR	66
PER	64
ROA	68
ROE	68
SNS	52

가

가격제한	36
감배	26, 60
강제 결제	180
갭	94
거래량	202
거시적 관점	142
건전성	56
검색	70
결산 단신	58
경기 관측 조사	150
경기동향지수	148
경제지표	146, 152
계좌	9, 24
고가권	88
고평가	62, 72
골든크로스	124
공매도	170, 176
광공업지수	148
괴리	126
국내총생산	148
권리부 최종일	28
권리확정일	28
글로벌리즘	144
금리	30
기술적 분석	54, 86

나

내부자 거래	210
넥라인	114
눌림목 매수	112
뉴욕 시장	144
늦게 출발한 종목	204
니사(NISA)	14

다, 라

단원 주식 수	36
담보금	170
대면 거래	22
데드크로스	124
데이 트레이드	54
동반 하락	72, 104
리스크	178

마

마인드 컨트롤	206
마진콜	180
매도 신호	86, 91
매도 잔고	182
매도 지점	116
매도 호가	32
매도자	98
매수 신호	86, 91
매수 지점	116
매수 평단	200
매수 호가	32
매수자	98
무배	26, 60
물타기(추가매수)	200
미수 잔고	182
미시적 관점	142

바

바닥권	66, 196
배당	26, 60
본인확인서	24
분산투자	198
브레이크다운	110
브레이크업	110
비농업부문고용자수	152

사

사상 최고 이익	60
삼중바닥형	114
삼중천장형	118
상승 별형	96, 100
상승 여지	110
상승 추세	108
상승관통형	96
상승대칭형	113
상승반전형	96
상승삼각형	113
상승쐐기형	113
상승잉태형(1)	92
상승잉태형(2)	92
상승장악형	96, 100
상한가	36
상환 기한	182
석별 도지형	100
성장성	56
셀링 클라이맥스	183, 202
소비자물가지수	150
손실	178
손절	200
수수료	22
수요예측 제도(book building)	74
수익	30
수익성	56
순자산	66
스윙 트레이드	102
스캘핑	54
시세차익	26
시장가 주문	34
시황	22

신규 공개주 ·················· 74	일은단관 ····················· 148	추세매매 ················· 196
신규 상장주 ·················· 74	잉태선 ························· 92	수세신(크렌크디인) ········ 100
신욘 잔고 ···················· 182		추즉 ························· 180
신용거래 잔고 ············· 182	## 자	
신용매도 ····················· 170	자기자본수익률 ············ 68	## 카, 타, 파
신용매도 잔고 ············· 182	자동 감시 주문 ············ 34	캔들 ···················· 86, 88
신용매수 ····················· 170	재무상태표 ···················· 58	텐버거 ························· 10
신용매수 잔고 ············· 182	저평가 ···················· 62, 72	트럼프 시세 ··············· 144
신호 ····························· 90	저항선 ··············· 108, 114	특정계좌 ······················ 24
실망 매물 ···················· 118	적자 ···························· 60	펀더멘탈 분석 ········ 54, 56
실적 ················· 30, 56, 140	주가 수준 ···················· 72	포괄손익계산서 ············ 58
십자형 ·························· 88	주가수익율 ···················· 64	
싼 주식 ······················· 208	주가순자산비율 ············ 66	## 하
	주니어 니사(NISA) ········· 15	하락 추세 ··················· 108
## 아	주봉 ··························· 102	하락대칭형 ·················· 113
약세장 ·························· 94	주식 ······························ 8	하락돌파 갭형 ··············· 94
양봉 ····························· 88	주요 기업 단기 경제 관측 조사	하락삼각형 ·················· 113
엔고 ··························· 154	································· 148	하락쐐기형 ·················· 113
엔저 ··························· 154	주주우대 ················ 12, 28	하락잉태형(1) ··············· 92
역일보 ························ 172	중후장대 산업 ·············· 72	하락잉태형(2) ··············· 92
역추세매매 ·················· 196	증권금융회사 ··············· 172	하한가 ························· 36
역헤드 앤드 숄더 ········ 114	증권사 ························· 22	헤드 앤드 숄더 ············ 118
연방 공개 시장 위원회 ··· 153	증배 ····················· 26, 60	호가 ···························· 32
연속 장대 양봉 ············· 98	지정가 주문 ················· 34	호가창 ························· 32
예상 실적 수정 ············· 58	지지선 ························ 108	확정신고 ······················ 24
예상PER ······················ 64	집게천장형 ·················· 100	환율 ···················· 152, 154
완전 실업률 ················ 150	집중투자 ···················· 198	횡보(보합) ··················· 112
요약 정보 ···················· 58		흑삼병 ··················· 94, 98
월봉 ··························· 102	## 차	흑운형 ······················· 100
위탁 보증금 ················ 170	차금 결제 ···················174	흑자 ···························· 60
유동성 ························· 70	차익 ···························· 30	
유효구인배율 ·············· 150	차익매물 ···················· 126	
음봉 ····························· 87	차트 ···························· 86	
이동평균선 ················· 122	총자산 수익률 ·············· 68	
이율 ······························ 9	최소 매매 수량 ············ 36	
이중바닥 ···················· 116	최저 보증금 유지율 ····· 180	
이중천장형 ················· 120	추가보증금 ·················· 180	
인터넷 거래 ·················· 22	추세 전환 ····················110	
일봉 ··························· 102	추세(트렌드) ··············· 108	

한국과 내용이 다른 점을 보충 설명했다.

Part 1 주식 매매를 해보자!

● 주주우대 ●

일본과 달리 한국에서는 '주주우대'라는 제도가 활성화되어 있지 않으므로 한국 투자자들은 대부분 주가의 시세차익에 따른 수익 확정과 배당금을 목적으로 주식거래를 한다.

● 수수료 ●

미래에셋증권	
방식	수수료
HTS	0.029%
모바일	0.015%
ARS	0.15%

삼성증권		
구분	거래금액	수수료
HTS / MTS	1천만 원 미만	0.147216%+1,500원
	1천만 원 이상~5천만 원 미만	0.127216%+3,000원
	5천만 원 이상~1억 미만	0.117216%
	1억 원 이상~3억 원 미만	0.097216%
	3억 원 이상	0.077216%
ARS	1천만 원 이하	0.247216%
	1천만 원 초과~5천만 원 이하	0.227216%+2,000원
	5천만 원 초과	0.197216%+17,000원

키움증권 (온라인전용 증권사)	
거래소 / 코스닥 / ETF	0.015%

● 계좌개설 & 세금 ●
　계좌개설

　한국의 경우 필요서류를 갖추어 영업점을 방문하면 당일에 계좌개설이 가능하다. 또 코로나-19 사태 이후, 대부분의 증권사에서는 비대면 계좌개설을 할 수 있게 되었다. 스마트폰이나 PC에서 증권사 앱을 다운받은 다음 안내 절차에 따라 본인 인증을 하면 된다. 다만 미성년자의 계좌개설은 영업점을 방문해야 한다.

　- 세금

　한국의 증권사에서 계좌개설을 할 때는 세금 납부 방식을 선택하는 '란'이 없다. 한국은 일률적으로 원천징수 방식으로 거래되기 때문이다. 한국에서 장내거래를 하면 매도 시 0.25%의 세금이 부과된다. 코스피의 경우 0.1%에 농어촌세 0.15%가 붙고, 코스닥은 0.25%의 세금이 부과된다.

● 매매 단위 ●
　한국의 경우 모든 주식은 1주부터 거래할 수 있다. 반면 일본과 중국은 최소 수량이 정해져 있는 경우가 많다.

● '가격제한폭' ●
　한국의 경우 가격제한폭을 기준가격 대비 상하 30%로 제한(코넥스 시작 15%)하고 있다. 기준가격은 가격제한폭을 정하는 데 기준이 되는 가격으로 일반적으로 전일종가를 기준가격으로 한다. 참고로 해외시장의 가격제한 범위를 살펴보면 미국과 홍콩은 가격제한 범위가 없고 일본은 정액제(평균 22%), 중국은 정률제(10%)로 설정되어 있다.
　(위의 내용은 옮긴이가 조사하여 추가한 내용이다.)

Part 2 이제 개미의 단기 투자는 그만!
꼭 사야 할 주식은 무엇?

뉴스 검색을 활용하자 (키움증권의 예)

● 원하는 키워드로 검색한다

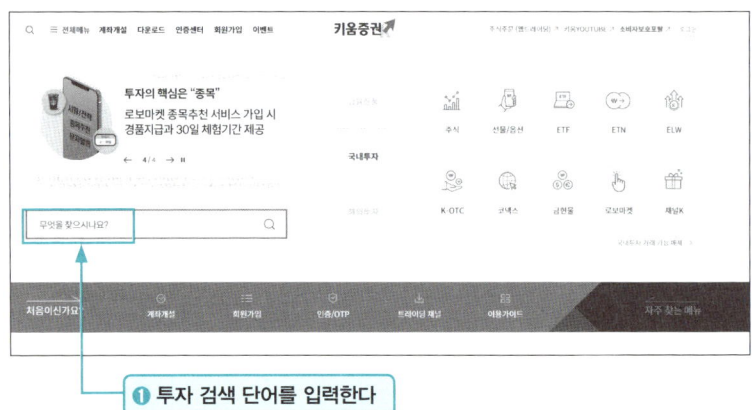

❶ 투자 검색 단어를 입력한다

● 검색 결과에서 뉴스를 선택한다

❸ 중요한 뉴스가 게재된다   ❷ '뉴스'를 클릭한다

※출처 – 키움증권 웹사이트

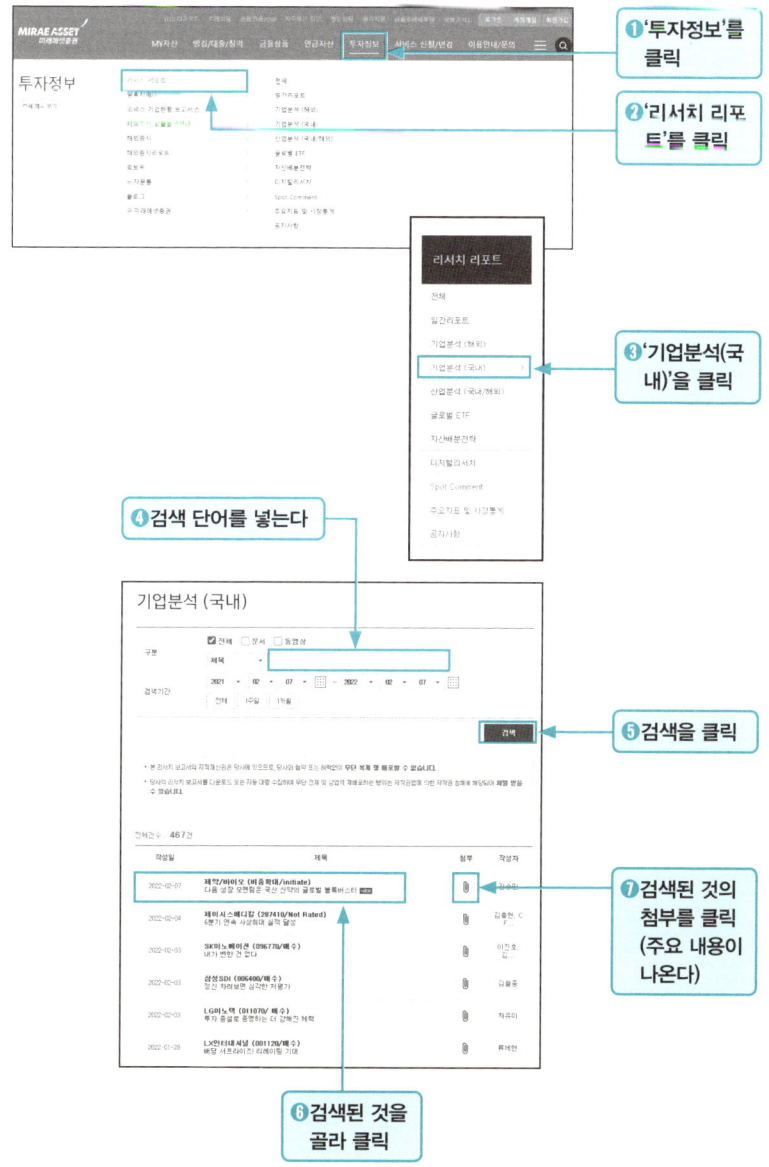

※출처 - 미래에셋증권 홈페이지

한국의 공모주청약

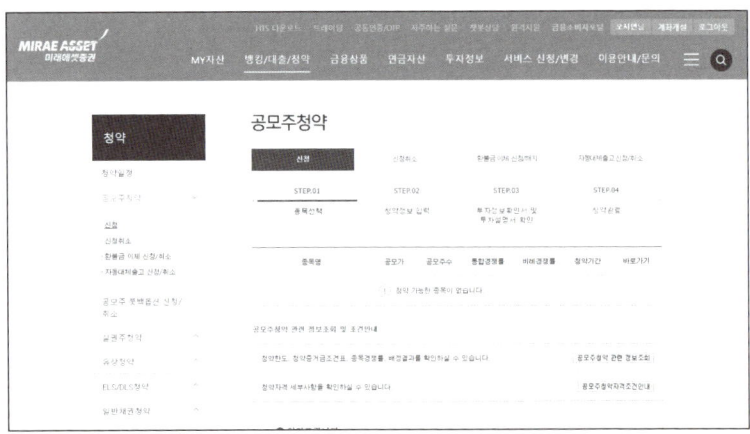

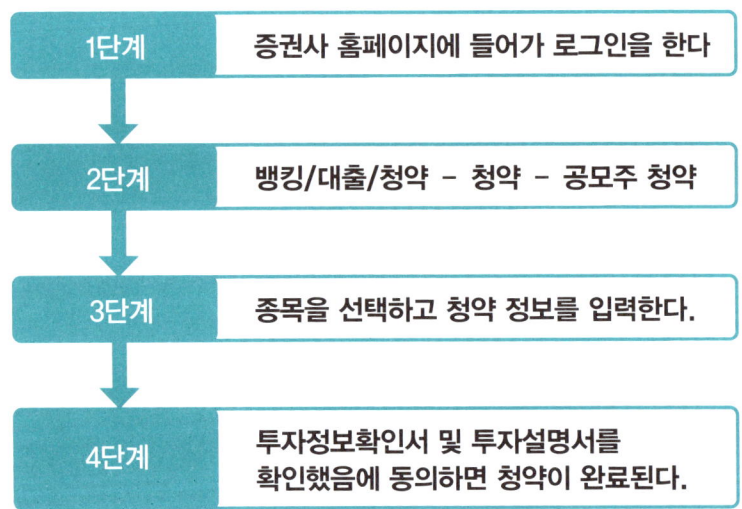

1단계	증권사 홈페이지에 들어가 로그인을 한다
2단계	뱅킹/대출/청약 – 청약 – 공모주 청약
3단계	종목을 선택하고 청약 정보를 입력한다.
4단계	투자정보확인서 및 투자설명서를 확인했음에 동의하면 청약이 완료된다.

이 과정은 PC의 홈트레이딩 앱 또는 모바일 앱으로도 가능하다.

※ 출처 – 미래에셋증권 웹사이트

Part 3 차트 집중 수업!

● '이동평균선' ●

한국의 경우 이동평균선은 일반적으로 5일선, 20일선, 60일선, 120일선으로 설정하고 본다. 이중 실질적으로 한 달간의 추세를 나타내는 20일선은 생명선이라고 불리며 투자자가 가장 많이 참조하는 이평선이다. 60일선은 수요와 공급을 파악하기 좋다고 하여 수급선, 120일선은 기업의 반기사이클과 전반적인 경기 상황을 파악하기 좋다고 하여 경기선이라고도 불린다.

Part 4 알아야 이길 수 있는 주식 기초 지식

● 경제지표_한국에서 열람할 수 있는 곳 ●

한국의 경우 한국은행 통계전용 홈페이지인 경제통계시스템(ECOS, http://ecos.bok.or.kr/)에 들어가면 100여 개의 주요 통계지표를 열람할 수 있다. 통계검색(증감율 계산, 그래프 보기 등)과 통계간행물 검색은 물론, 이용자가 개인적으로 자주 이용하는 통계를 따로 저장하여 상시 편리하게 검색할 수 있도록 하는 기능도 있다.

Part 5 현명한 '신용거래'를 하기 위하여

● 신용 융좌 기간은 일반적으로 90일 ●

일반적으로 90일이 기한이지만 증권사에 따라 1~5개월까지 차이가 나며 연장이 가능하다. 쌓인 신용 잔고는 반드시 6개월 내에 결제해야 한다.

(※일본에서는 신용 융자를 6개월 이내에 반드시 갚아야 한다고 되어 있지만, 한국은 증권사별로 차이가 난다.)

역자 소개

역자 소개 | 오시연

동국대학교 회계학과를 졸업했으며, 일본 외국어전문학교 일한통역과를 수료했다. 현재 에이전시 엔터스코리아에서 일본어 전문 번역가로 활동하고 있다.

주요 역서로는 《투자의 속성》, 《만화로 아주 쉽게 배우는 통계학》, 《통계학 초 입문》, 《텐배거 입문》, 《주린이 경제 지식》, 《주식의 신 100법칙》, 《말하는 법만 바꿔도 영업의 고수가 된다》, 《무엇을 아끼고 어디에 투자할 것인가》, 《한 번 보고 바로 써먹는 경제용어 460》, 《상위 1%만 알고 있는 가상화폐와 투자의 진실》, 《거꾸로 생각하라》, 《회계의 신》, 《돈이 당신에게 말하는 것들》, 《짐 로저스의 일본에 보내는 경고》, 《겁쟁이를 위한 주식투자》 등이 있다.

MANGA DE WAKARU SAIKYOU NO KABUNYUMON MEZASE "OKURIBITO"!
© OSAMU YASUTSUNE 2017
Originally published in Japan in 2017 by SHINSEI Publishing Co.,Ltd.,TOKYO,
Korean Characters translation rights arranged with SHINSEI Publishing Co.,Ltd., TOKYO,
through TOHAN CORPORATION, TOKYO and EntersKorea Co., Ltd., SEOUL.

이 책의 한국어판 저작권은 (주)엔터스코리아를 통해 저작권자와 독점 계약한 지상사에 있습니다.
저작권법에 의하여 한국 내에서 보호를 받는 저작물이므로 무단전재와 무단복제를 금합니다.

만화로 배우는
최강의 주식 입문
_____ 억만장자를 향하여!

1판 1쇄 발행 2022년 4월 4일

지은이 야스츠네 오사무
만화 요시무라 요시
역자 오시연

발행인 최봉규
발행처 지상사(청홍)
등록번호 제2017-000075호
등록일자 2002. 8. 23.
주소 서울 용산구 효창원로64길 6 일진빌딩 2층
우편번호 04317
전화번호 02)3453-6111 **팩시밀리** 02)3452-1440
홈페이지 www.jisangsa.co.kr
이메일 jhj-9020@hanmail.net

한국어판 출판권 ⓒ 지상사(청홍), 2022
ISBN 978-89-6502-315-5 [03320]

*잘못 만들어진 책은 구입처에서 교환해 드리며, 책값은 뒤표지에 있습니다.

주식 데이트레이딩의 神신 100법칙

이시이 카츠토시 / 이정미

옛날 장사에 비유하면 아침에 싼 곳에서 사서 하루 안에 팔아치우는 장사다. '오버나잇' 즉 그날의 자금을 주식 시장에 남기는 일을 하지 않는다. 다음 날은 다시 그날의 기회가 가장 큰 종목을 선택해서 승부한다. 이제 개인 투자자 대다수가 실시하는 투자 스타일일 것이다.

값 16,000원 국판(148*210) 248쪽
ISBN978-89-6502-307-4 2021/10 발행

투자의 속성

오에 히데키 / 오시연

이 책은 투자의 원리원칙과 사람들이 쉽게 빠지는 착각을 짚어보려고 쓰였다. 여기서는 주식 차트를 보는 법이나 기업분석 방법을 거의 다루지 않았다. 그런 책은 서점에 가면 얼마든지 있기 때문이다. 하지만 투자의 본질을 쉽게 풀어쓴 책은 좀처럼 찾아볼 수 없다.

값 16,000원 국판(148*210) 240쪽
ISBN978-89-6502-309-8 2022/1 발행

세력주의 神신 100법칙

이시이 카츠토시 / 전종훈

이 책을 읽는 사람이라면 아마도 '1년에 20%, 30%의 수익'이 목표는 아닐 것이다. '짧은 기간에 자금을 10배로 불리고, 그걸 또 10배로 만든다.' 이런 '계획'을 가지고 투자에 임하고 있을 것이다. 큰 이익을 얻으려면 '소형주'가 안성맞춤이다. 우량 종목은 실적이 좋으면 주가 상승을…

값 16,000원 국판(148*210) 240쪽
ISBN978-89-6502-305-0 2021/9 발행